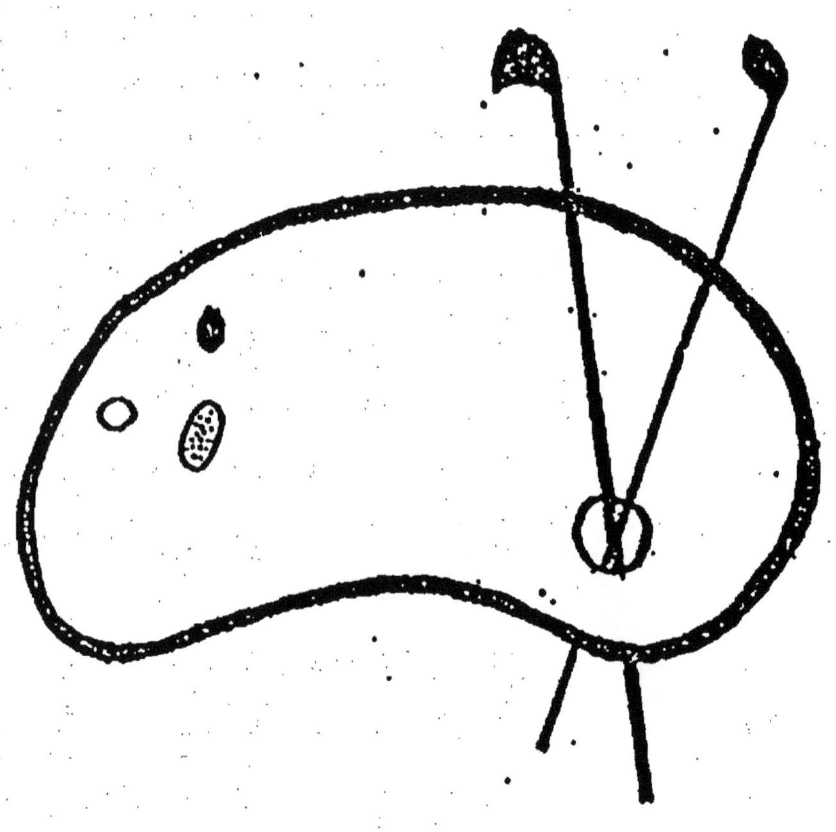

# DES DEVOIRS RESPECTIFS

DES

# CLASSES DE LA SOCIÉTÉ

PAR

**WILLIAM GRAHAM SUMNER**

Professeur de science politique et sociale au collège Yale

TRADUIT PAR

**J.-G. COURCELLE-SENEUIL**

---

**Prix : 2 fr. 50**

---

PARIS

| GUILLAUMIN ET Cie | LIBRAIRIE H. ANIÉRÉ |
|---|---|
| LIBRAIRES-ÉDITEURS | A. BROUSSOIS |
| RUE DE RICHELIEU, 14 | RUE DUPUYTREN, 4 |

# DES DEVOIRS RESPECTIFS

DES

# CLASSES DE LA SOCIÉTÉ

OUVRAGES DU TRADUCTEUR :

**Etudes sur la science sociale**, 1 vol. in-8 (Guillaumin et Cie). . . . . . . . . . . . . . . . . . . 7 fr. 50

**Précis de morale rationnelle**. 1 vol. in-32 (Guillaumin et Cie). . . . . . . . . . . . . . . . . . . . . . . 1 fr.

**L'héritage de la Révolution**. *Questions constitutionnelles*, 1 vol. in-8 (Guillaumin et Cie). . . . . 5 fr.

**Traité théorique et pratique d'économie politique**, 2e édit., 2 vol. in-8 (Guillaumin). . . . 15 fr.

**Liberté et socialisme**, ou Discussion des principes de l'organisation du travail industriel, 1 vol. in-8 (Guillaumin et Cie). . . . . . . . . . . . . . . . . . . . . . . . . 7 fr. 50

**La Banque libre**. Exposé des fonctions du commerce de banque, 1 vol. in-8 (Guillaumin et Cie). . . . . . 6 fr.

**Leçons élémentaires d'économie politique**, 1 vol. in-18 (Guillaumin et Cie). . . . . . . . . . . . 2 fr.

**Traité sommaire d'économie politique**. 1 vol. in-18 (Guillaumin et Cie). . . . . . . . . . . . . . . 2 fr.

**Manuel des affaires**, ou *Traité théorique et pratique des entreprises industrielles, commerciales et agricoles*, 4e édit., 1 vol. in-8 (Guillaumin et Cie). 7 fr. 50

**Traité théorique et pratique des opérations de banque**, 6e édition, 1 vol. in-8 (Guillaumin et Cie). . . . . . . . . . . . . . . . . . . . . . . . . . 7 fr. 50

**Traité élémentaire de comptabilité**, 1 vol. in-18 2e édition (Hachette). . . . . . . . . . . . . . . . . 2 fr.

**Cours de comptabilité**, rédigé sur les programmes de l'enseignement secondaire spécial, 4 vol. in-18, 9e édition (Hachette). . . . . . . . . . . . . . . . . . . . . 6 fr.

---

Saint-Denis. — Imp. Ch. Lambert, 17, rue de Paris.

# DES DEVOIRS RESPECTIFS

DES

# CLASSES DE LA SOCIÉTÉ

PAR

WILLIAM GRAHAM SUMNER

Professeur de Science politique et sociale au collège Yale

TRADUIT PAR

J.-G. COURCELLE-SENEUIL

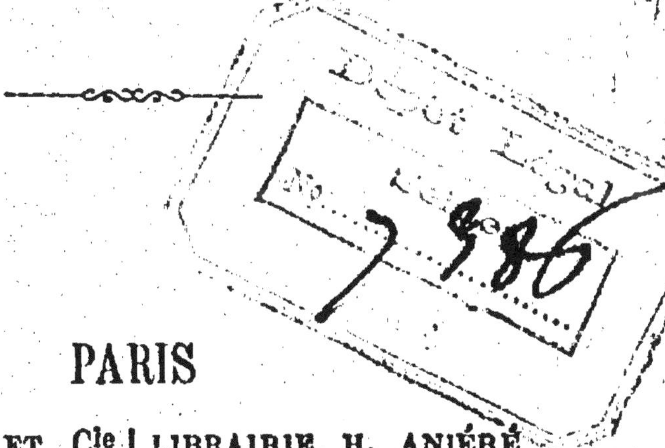

PARIS

GUILLAUMIN ET C^ie^ | LIBRAIRIE H. ANIÉRÉ

LIBRAIRES-ÉDITEURS | A. BROUSSOIS

RUE DE RICHELIEU, 14 | RUE DUPUYTREN, 4

# PRÉFACE DU TRADUCTEUR

Deux nations, les États-Unis et la France, ont essayé, à la fin du siècle dernier, de se constituer sur des bases que leur indiquait la science. Elles ont déclaré que les gouvernements étaient établis pour faire respecter un certain nombre de droits, notamment la liberté du travail et des échanges, l'inviolabilité des contrats et l'égalité devant la loi de tous les citoyens.

Depuis cette époque, ces deux nations ont eu des fortunes diverses. La première, dégagée, jusqu'à un certain point, d'antécédents historiques, isolée sur un immense territoire, sans contact avec des rivaux, s'est développée librement et facilement; la seconde, surchargée de préjugés, absorbée par les guerres, par des discussions stériles sur la forme du gouvernement, par des luttes acharnées entre un certain nombre de clientèles, a vu son développement arrêté et contrarié dès le début et dans la suite, sans que, toutefois, les fondements de ses institutions nouvelles aient été trop ébranlés.

Aussi, malgré la diversité de leurs fortunes et de leurs situations, les États-Unis et la France voient surgir les mêmes problèmes sociaux. Ici, comme en Amérique, dans un état de prospérité dont l'histoire ne nous offre aucun exemple, les vices et les faiblesses de la démocratie se sont fait sentir ; aux courtisans des princes ont succédé les courtisans de la multitude, habiles à flatter et à mentir comme leurs devanciers, dans un but d'intérêt privé. En France, comme en Amérique, quelques-uns d'entre eux ont soulevé le problème de l'égalité des conditions sociales en prenant pour point d'appui, outre l'envie naturelle à celui qui est inférieur, les sentiments transmis de génération en génération par les écrivains anciens et les prédicateurs.

Nous sommes donc en face d'un problème très difficile : corriger les défauts de la démocratie, et, en dehors des difficultés qu'il présente, nous rencontrons un obstacle dans les plaintes, dans les réclamations, dans les rugissements qui s'élèvent au nom de ce qu'on a appelé « la classe la plus nombreuse et la plus pauvre. »

La discussion de ces réclamations est le sujet du livre de M. W. Graham Sumner, que je présente au lecteur français. Ce livre, écrit aux États-Unis pour les citoyens des États-Unis, contient peu de lignes qui ne soient pas applicables à la France, chose bien naturelle, puisque, malgré les différences qui existent entre la fortune et la situation des deux peuples, le problème qui se pose à l'un et à l'autre est exactement le même. On rencontre chez nous plus de difficultés qu'aux États-Unis, de vieilles institutions en plus grand nombre, des préjugés plus enracinés et plus variés, un vrai socialisme d'État, surtout, une ignorance plus générale, et la pire de toutes, l'ignorance lettrée. Mais qu'importe, puisque le problème est le même et doit être résolu par les mêmes considérations?

Ce problème, nous l'avons entendu discuter bien souvent depuis quarante ans et nous l'avons discuté nous-mêmes; mais personne, à notre connaissance, n'a traité le sujet aussi bien que M. Graham Sumner. Son livre, dont chaque page atteste une connaissance profonde de la science, a une forme populaire, presque vulgaire et n'indique, à ce qu'il semble, que des arguments de sens commun? Ses conclusions ne sont pas, ne pouvaient pas, ne devaient pas être nouvelles; mais nous les trouvons, à quelques petites exagérations près, fondées sur des considérations aussi solides qu'originales.

Est-ce à dire que la question soit épuisée et que tout soit dit? Hélas! non. Il reste beaucoup à dire et aussi beaucoup à répéter sous des formes diverses; on écrira certainement des centaines de volumes avant que cette controverse prenne fin. En attendant, lisons celui-ci, qui est excellent et hors ligne.

Ajoutons ici deux considérations qui ne pouvaient trouver place dans ce livre.

La lutte pour l'existence est un résultat de la constitution de l'homme. Il est absolument impossible de la supprimer, comme l'ont imaginé quelques rêveurs; on ne peut tout au plus qu'en changer les conditions et opter entre ses formes, qui sont au nombre de trois, ni plus, ni moins, savoir :

1° La forme militaire et brutale ; — 2° La forme pacifique de la liberté du travail avec échange libre, la concurrence, comme on dit ; 3° La lutte de sollicitations et d'intrigue auprès des hommes qui disposent du pouvoir social, comme les électeurs, ou qui détiennent ce pouvoir.

Nous aimons mieux la concurrence sur le marché, que la concurrence devant les réunions électorales et dans les antichambres.

Il est certain que le régime de la liberté crée plus de richesses et nourrit plus d'hommes que tout autre régime. Le réduire par le socialisme d'État, c'est comprimer le développement de la richesse et de la population ; c'est affaiblir la société à laquelle on applique ce socialisme et lui infliger une maladie. Une société dont la vitalité est puissante, comme celle des États-Unis en souffre ; une société dont la vitalité est moindre peut en mourir.

Paris, 20 juin 1884.

COURCELLE-SENEUIL.

Je regrette que la forme de traduction à peu près littérale que j'ai adoptée ne m'ait pas permis de rendre celle de ce livre un peu plus française; j'ai tenu à respecter non seulement la pensée, mais même les expressions de l'auteur.

Un mot m'a arrêté : c'est le mot *jobbery*, par lequel l'auteur désigne toute une catégorie d'actes indélicats au moyen desquels on s'approprie le bien d'autrui. Ces actes, que nous connaissons en France aussi bien qu'on les connaît aux États-Unis, n'ont pas de nom générique. Notre auteur leur a appliqué, en lui donnant une acception plus étendue, un mot emprunté au langage de la bourse. J'en ai emprunté un au langage du jeu : c'est le mot *tricherie*, ramené à son ancienne acception. Tricher, c'est user de tromperie pour violer en se cachant, dans un intérêt privé, des règles établies, reconnues par les autres hommes. Les actes très divers désignés par notre auteur sous le nom de *jobbery* ont précisément le caractère commun de ceux que désigne le mot *tricherie*.

---

# INTRODUCTION

On nous dit tous les jours que nous avons devant nous de grands problèmes sociaux qui exigent une solution et nous sommes assaillis d'oracles, de menaces et d'avertissements relatifs à ces problèmes. Une école d'écrivains a pris et joue le rôle de héraults pour nous annoncer les devoirs et les malheurs qui viennent. Ils parlent comme mandataires d'un collège électoral très nombreux, mais vague et peu défini, qui impose une tâche, en exige l'exécution et menace les réfractaires d'un châtiment. La tâche ou le problème ne sont pas nettement déterminés. Le soin de définir le problème est imposé à ceux qui doivent exécuter la tâche. On leur dit seulement qu'il y a quelque chose à faire, que c'est à eux qu'il appartient de trouver ce qu'il faut faire et comment il faut corriger ce qui va mal. Tout cela est dit en termes plus ou moins grossiers.

Après avoir lu ou entendu un grand nombre d'assertions de cette espèce, je sens une question prendre dans mon esprit une forme de plus en plus distincte : quels sont ceux qui osent poser aux autres des questions difficiles et leur en demander la solution? Comment ont-ils acquis le droit de demander aux autres de résoudre pour eux les problèmes de la vie? Quels sont ceux qui sont tenus d'étudier et de résoudre toutes les questions et comment cette obligation leur a-t-elle été imposée?

Autant que je puis le comprendre, les droits et devoirs respectifs des classes, quant à la position et à la solution des problèmes sociaux, sont établis comme il suit : « Ceux qui doivent résoudre les problèmes sont les riches, les gens à l'aise, ceux qui gagnent, ceux qui sont vertueux, considérés, instruits et bien portants; ceux qui ont le droit de poser les problèmes sont ceux qui ont eu moins de bonheur ou moins de succès dans la lutte pour l'existence. » Le problème semble consister en ceci : « Comment mettre ces derniers aussi à l'aise que les premiers? On suppose que la solution, qui consiste à nous mettre tous dans une condition égale, est le devoir de la première classe; son châtiment, si elle y manque, est le massacre et la destruction.

Si elle ne peut pas faire partager son aisance aux autres, elle doit être réduite à partager leur misère.

Depuis dix ans j'ai lu un grand nombre de livres et d'articles, d'auteurs allemands particulièrement, dans lesquels on a essayé de présenter l'*État* comme un être doué d'une conscience, d'un pouvoir et d'une volonté qui dépasse les limites de l'humanité et s'élève comme un génie tutélaire au-dessus de nous tous. Je n'ai jamais pu découvrir dans l'histoire, ou par expérience rien qui répondît à cette idée. J'ai passé deux ans en Allemagne et je n'y ai certes vu rien de pareil. L'État que fabrique Bismarck réalisera-t-il cet idéal? C'est tout au plus affaire de foi et d'espérance. Mon idée de l'État s'est affaiblie à mesure que j'ai avancé dans l'expérience de la vie. Comme abstraction, l'État est simplement Nous Tous.

Dans la pratique, — c'est-à-dire lorsqu'il fait acte de volonté et agit avec suite, — ce n'est qu'un petit groupe d'hommes choisis un peu au hasard par la majorité d'entre nous pour rendre certains services au profit de Nous Tous. La majorité ne fait pas ses choix bien rationnellement et elle est presque toujours désappointée par le résultat de ses propres votes. Aussi l'État, loin de nous offrir des trésors de sagesse, de saine raison et de bon sens moral supérieures à celles que possède la moyenne des hommes, se montre généralement très inférieur sous tous les rapports. En outre, il arrive souvent dans la pratique que l'État n'est pas le serviteur connu et accrédité de la société, mais, comme on l'a dit, un commis obscur caché dans quelque bureau du gouvernement que le hasard a mis en position de pousser un moment l'un des ressorts de la machine administrative. Autrefois il arrivait que l'*État* était un barbier, un musicien ou une mauvaise femme. De nos jours il arrive souvent que l'*État* est un petit fonctionnaire duquel dépend forcément un gros fonctionnaire.

Je ne vois pas pourquoi l'on perdrait du temps à lire et écrire des observations, comme on en rencontre dans des écrits d'hommes de grand talent et qui disposent d'une grande influence, qu'on pourrait ramener aux termes suivants : « Si les hommes d'État pouvaient acquérir assez de science et de sagesse, on concevrait que l'État pût remplir d'importantes fonctions régulatrices dans la production et la distribution des richesses, sans que l'économie politique pût élever aucune objection positive et décisive; mais les hommes d'État ne seront jamais assez savants et assez sages. » Il me semble que c'est dépenser des mots inutilement. En fait, tout le monde convient que l'État est incapable de remplir ces fonctions régulatrices. A quoi bon mettre en discussion l'intervention de l'État pour la rejeter aussitôt? Ce sujet devrait être discuté et réglé sans faire intervenir l'hypothèse de règlements d'État.

Les serviteurs publics dont le petit groupe, comme je l'ai dit, constitue l'*État*, lorsque l'État prend une résolution, ne pourraient pas faire grand'chose pour eux-mêmes et pour autrui, s'ils étaient réduits à leur force propre. Pour faire quelque chose, il faut qu'ils disposent des hommes, comme d'une armée, ou de capitaux comme ceux du trésor. Mais l'armée, la police, la force publique, c'est plus ou moins Nous Tous et les capitaux du trésor sont produits par le travail et l'épargne de Nous Tous. Donc quand l'État est regardé comme puissance, il est Nous Tous considérés comme force brutale ou comme force industrielle.

Si quelqu'un doit bénéficier de l'action de l'État, ce doit être quelqu'un de nous. Lors donc que l'on pose la question : « Que doit faire l'État pour le travail, pour le commerce, pour les manufactures, pour les pauvres, pour les professions lettrées, etc., etc.? C'est-à-dire pour une classe ou pour quelque intérêt, cela signifie en fait : Que devons-nous faire Nous Tous, en faveur de Quelques-uns? Mais Quelques-uns faisant partie de Nous Tous, en tant qu'ils tirent profit de leurs efforts personnels, c'est comme s'ils travaillaient pour eux-mêmes et on peut les retrancher de Nous Tous. Alors la question est de savoir ce que Quelques-Uns doivent faire pour d'Autres, ou quelle est la dette des classes sociales les unes envers les autres ? »

Maintenant je me propose de rechercher s'il est une classe de la société soumise au devoir et à l'obligation de combattre dans la bataille de la vie pour une autre classe ou de résoudre des problèmes sociaux pour la satisfaction d'une autre classe et aussi s'il existe une classe qui ait le droit de formuler des demandes contre la société, c'est-à-dire contre d'autres classes; et aussi s'il y a autre chose qu'un sophisme et une superstition dans cette idée que l'État doit à qui que ce soit autre chose que la paix, l'ordre et la garantie des droits.

J'ai en vue dans cette discussion la condition économique sociale et politique des États-Unis.

---

# I

## D'une nouvelle philosophie qui considère l'état de pauvreté comme le meilleur état social.

On dit communément qu'il n'y a pas de classes sociales aux États-Unis et on repousse toute allusion à l'existence de classes. D'un autre côté, nous lisons et entendons sans cesse des discussions dans lesquelles on affirme comme un fait indiscuté qu'il y a des classes. Les « pauvres », les « faibles », les « travailleurs » sont des expressions dont on se sert, comme s'il en existait des définitions exactes et bien comprises. La discussion porte sur les prétendus droits, les prétendus torts, les prétendus malheurs de certaines classes de la société et tous les écrits, tous les discours que l'on adresse au public consistent pour une grande partie dans la discussion de plans généraux destinés à aller au-devant des désirs des classes qui n'ont pas pu satisfaire leurs désirs. Ces classes sont quelquefois mécontentes et quelquefois ne le sont pas; quelquefois elles trouvent qu'elles n'ont rien à réclamer jusqu'à ce que les « amis de l'humanité » viennent s'offrir à les aider. Quelquefois elles sont mécontentes et envieuses : elles ne prennent pas le résultat de leurs actes comme la juste mesure de leurs droits : elles ne blâment pas leurs aïeux ou elles-mêmes de leur sort comparé à celui des autres. Quelquefois elles prétendent avoir droit à tout ce qu'elles jugent nécessaire à leur bonheur sur la terre. Élever des réclamations contre Dieu ou la nature, ce serait simplement réclamer le droit de vivre, si nous pouvons vivre. Or, Dieu et la nature ont ordonné une fois pour toutes les chances et les conditions de la vie sur terre ; on ne peut pas recommencer la discussion à ce sujet, ni demander une révision des lois de la vie humaine. Nous sommes forclos, il nous faut et nous devons, si nous voulons apprendre à vivre heureusement, étudier les lois de la nature et rechercher les règles à suivre pour bien vivre dans le monde tel qu'il est. C'est une tâche fatigante et vulgaire : il s'agit de travailler sans cesse et de se priver sans cesse, en étudiant et en agissant. Lorsqu'on dit aux gens dont nous examinons les réclamations d'entreprendre cette tâche, ils s'irritent et se considèrent presque comme insultés ; ils présentent leurs réclamations comme des droits contre la société, c'est-à-dire contre d'autres hommes. A leurs propres yeux ils ont le droit non seulement de chercher le bonheur, mais de l'obtenir et, s'ils n'y réussissent pas, le droit de réclamer le secours d'autrui, c'est-à-dire le travail et la privation d'autrui pour y parvenir. Ils trouvent des orateurs et des poètes pour leur dire qu'ils ont des griefs tant qu'ils éprouvent des désirs non satisfaits.

Or, s'il y a des groupes de gens qui aient des droits sur le travail et la privation des autres et s'il y a des groupes sur le travail et les privations desquels les premiers aient un droit, il existe certainement des classes et des classes du type le plus ancien et le plus mauvais. Car l'homme qui peut exiger qu'un autre travaille et se prive afin de le faire vivre lui-même est une personne investie du plus haut privilège que l'on puisse concevoir sur terre. Les princes et les indigents sont à cette hauteur, mais ils y sont seuls entre tous les hommes. D'autre part, l'homme dont on applique le travail et l'épargne à entretenir un autre homme n'est pas un homme libre et il approche plus ou moins de la condition de l'esclave. Aussi trouverons-nous dans toutes les idées que nous avons à discuter cette contradiction fondamentale : qu'il y a des classes et qu'il n'y a pas de classes, qui a pour conséquence tant de confusion et d'absurdité. Nous découvrirons que dans un effort pour éliminer les vices connus du gouvernement de classe, nous sommes empêchés et arrêtés par la nouvelle forme de la pire des théories de classe. Nous verrons que tous les plans destinés à produire l'égalité et à effacer l'organisation actuelle de la société tendent à établir des inégalités nouvelles fondées sur la pire des distinctions : — le droit de réclamer et l'obligation de fournir, l'effort d'un homme pour la satisfaction d'un autre. Nous verrons que toute tentative pour réaliser cette égalité exige le sacrifice de la liberté.

On est populaire lorsqu'on se pose comme « ami de l'humanité » où comme « ami des classes laborieuses. » Ce rôle, cependant n'est pas d'origine américaine : il est importé d'Angleterre où quelques hommes, d'ailleurs de peu de valeur, l'ont joué avec grand succès et en ont largement profité. Tout ce qui a un air charitable et un ton de bienveillance passe généralement sans examen, parce qu'il est désagréable d'en entreprendre la critique. Les sermons, les opuscules, les grands discours ont un point d'arrêt convenu sur les pauvres, les faibles, etc., et on laisse passer comme doctrine indiscutable relativement aux classes sociales que « les riches » doivent « avoir soin des pauvres, » que les Églises spécialement doivent tirer de l'argent des riches et le dépenser pour les pauvres; que les paroisses doivent être des groupes d'institutions par le moyen desquelles une classe de la société remplit les devoirs d'une autre, et que les prêtres, les économistes, ceux qui étudient la philosophie sociale doivent par métier et profession faire des plans pour « aider les pauvres. » Les prédicateurs en Angleterre disaient qu'on devait tout faire pour les pauvres afin qu'ils fussent contents de leur sort et respectueux pour leurs supérieurs. Aujourd'hui, en Amérique, la plus grande partie de la prédication consiste à enjoindre à ceux qui ont pris soin d'eux-mêmes de remplir leur prétendu devoir de prendre soin des autres. Quels que soient les sentiments intimes d'un particulier, la crainte de passer pour un cœur froid et endurci, fait qu'il n'ose contredire ni ces théories conventionnelles de devoir social ni ces qualifications de faits sociaux.

Relevons quelques distinctions qui sont de la plus haute importance pour considérer correctement le sujet que nous voulons traiter.

Certains maux tiennent aux rigueurs de la vie : ils sont naturels, ils font partie des conditions de la lutte pour l'existence que nous soutenons contre la Nature. Nous ne pouvons pas blâmer nos semblables de ce que nous en avons notre part. Mon voisin et moi nous luttons pour nous délivrer de ces maux. De ce que mon voisin a mieux réussi que moi dans cette lutte, il ne suit nullement que j'aie à me plaindre de lui. D'autres maux sont imputables à la malice des hommes, aux imperfections, aux erreurs des institutions civiles ; ils sont un sujet d'agitation et de discussion. On doit faire face aux maux de la première espèce en leur opposant un effort énergique et viril ; on peut corriger les autres par des efforts associés. On considère en masse et en général les maux de la première espèce et on en fait l'objet de plans sociaux. Nous verrons en avançant ce que cela signifie. Les maux de la seconde espèce peuvent tomber sur certaines classes sociales et les réformes peuvent consister dans l'intervention d'autres classes en faveur de la classe opprimée. De là vient sans doute que les gens ont été amenés, sans prendre garde aux distinctions, à penser que la même méthode pouvait être appliquée aux maux de la première espèce. La distinction que nous établissons ici entre les maux qui tiennent à la lutte pour l'existence et ceux qui tiennent aux défauts des institutions humaines est de première importance.

Il importera aussi pour éclaircir nos idées relativement à celles qui sont à la mode, de relever les rapports qui existent entre le sens économique et le sens politique des prétendus devoirs d'une classe envers l'autre. En d'autres termes, nous discuterons la question de savoir si une classe a envers l'autre des devoirs relatifs aux effets économiques à produire sur les classes et sur la société, ou nous discuterons la convenance politique qu'il y aurait à formuler et mettre en vigueur les droits et les devoirs respectifs de chacun. Dans le premier cas, nous pouvons supposer que ceux qui viennent en aide aux autres y viennent volontairement, et nous pourrons discuter les avantages et les inconvénients de leur activité. Dans le second cas, nous pouvons supposer que quelques-uns au moins de ceux qui ont été forcés de venir en aide, y sont venus contre leur volonté. Là se poserait la question des droits. La question de savoir si la charité volontaire est dommageable ou non est une chose; la question de savoir si la législation qui force un homme à en aider un autre est bonne, sage, utile économiquement parlant, est une tout autre question. On tombe dans une grande confusion et par suite dans l'erreur, lorsqu'on laisse ces deux questions se mêler l'une à l'autre dans la discussion. Nous devrons relever spécialement ces tentatives d'application des méthodes législatives à la réforme des maux qui viennent de la Nature.

Une définition du « pauvre » est impossible. L'indigent est celui qui ne peut gagner sa vie, celui dont la puissance productive ne peut positivement fournir à sa consommation nécessaire; qui ne peut, par conséquent, payer le voyage. Une société humaine a besoin de la coopération active et de l'énergie productive de tous ses membres. Celui qui est présent comme consommateur et qui ne contribue ni par sa terre, ni par son travail, ni par son capital, à l'œuvre sociale, est un fardeau. Aucune bonne théorie politique ne doit accorder à cet homme une part de pouvoir politique dans l'État; il tombe hors des rangs des travailleurs et des producteurs. La société peut l'entretenir : elle accepte ce fardeau; mais il doit, comme conséquence, être rayé de la liste de ceux qui la gouvernent. Voilà quant à l'indigent, dont nous n'avons pas besoin de parler davantage. Mais ce n'est pas là le « pauvre homme; » le nom de « pauvre homme » est un terme élastique sous lequel on peut cacher un nombre indéfini de sophismes sociaux.

Il n'est pas non plus possible de définir le « faible. » Les uns sont faibles sous un rapport et les autres sous un autre. Ceux qui sont faibles à certains égards sont forts à certains autres. En général, toutefois, on peut dire que les humanitaires et les philanthropes appellent « faibles » ceux par lesquels sont gaspillées les forces productives et conservatrices de la société. Ceux-ci neutralisent et arrêtent les plus beaux efforts des gens sensés, industrieux et ils sont un poids mort qui pèse sur la société chaque fois qu'elle agit pour réaliser quelque amélioration. Il n'est pas facile de dire lesquels font le plus de mal: des individus inoffensifs d'intention, mais privés de la force essentielle à l'accomplissement des devoirs de la vie ou de ceux qui sont méchants et vicieux.

Sous les noms de « pauvres » et de « faibles, » le négligent, celui qui ne sait se retourner, l'incapable, le sot et l'imprudent s'attachent à l'industrieux et au prudent comme un devoir et une responsabilité. D'autre part, ces noms prennent une telle extension qu'ils couvrent le paresseux, l'intempérant, le vicieux, qui, en se trouvant joints aux premiers, obtiennent un crédit qu'ils ne méritent pas et qu'ils n'obtiendraient pas s'ils étaient seuls. D'autre part, les termes de « pauvre » et de « faible » vont jusqu'à comprendre des salariés du rang le plus humble, que l'on dégrade lorsqu'on les désigne sous la même appellation que les autres. Le lecteur qui désire se tenir en garde contre les sophismes doit toujours bien considérer comment on emploie les mots de « pauvre » et de

« faible, » de façon à voir combien d'hommes de ces diverses classes sont désignés par un même nom.

Les humanitaires, les philanthropes, les réformateurs, considérant les phénomènes de la vie comme ils se présentent, trouvent assez de choses tristes et rebutantes dans la condition d'un grand nombre de membres de la société. Ils voient côte à côte la richesse et la pauvreté; ils relèvent de grandes inégalités de position sociale et de chances de succès. Ils cherchent avec ardeur à se rendre compte de ce qu'ils voient et à imaginer des plans pour remédier à ce qui leur déplaît. Dans leur ardeur à recommander à la pitié et à la considération les classes moins fortunées, ils oublient tout ce qui touche aux droits des autres classes; ils passent sur toutes les fautes des classes pauvres, en même temps qu'ils exagèrent leurs malheurs et leurs vertus. Ils inventent de nouvelles théories de propriété, prennent de travers les droits respectifs, et se rendent injustes, comme on est assuré de l'être lorsqu'on veut remanier les relations sociales en considérant seulement les intérêts d'un groupe et en laissant sur l'arrière-plan les intérêts de tous les autres groupes. En lisant quelques-unes de ces discussions, j'ai pensé qu'on devait être mal vu lorsqu'on occupait une position sociale respectable, qu'il était malhonnête d'être propriétaire, injuste d'aller son chemin et de gagner sa vie, et que la seule personne digne d'admiration était le propre-à-rien. Dans ces discussions, l'homme qui s'élève par ses efforts au-dessus de la pauvreté, ne compte pour rien. L'homme qui n'a rien fait pour s'éleverau-dessus de la pauvreté se trouve entouré de docteurs socialistes qui lui apportent le capital levé sur les autres classes et lui promettent le secours de l'État pour obtenir ce que les autres ont la peine de gagner par leur travail. Dans tous ces plans et projets, l'intervention de la société, sous le nom de l'État, est proposée ou espérée, et l'État devient ainsi le protecteur et le tuteur de certaines classes. Les agents qui doivent diriger l'État sont, bien entendu, les réformateurs et les philanthropes. Aussi leurs plans peuvent être ramenés à un type uniforme : A et B décident ce que C devra faire pour D. Il sera intéressant de rechercher, lorsque notre discussion sera plus avancée, qui est C et quel effet auront sur lui tous ces arrangements. Dans toutes les discussions, l'attention est concentrée sur A et sur B, les nobles réformateurs sociaux, et sur D, le « pauvre homme. » J'appelle C l'Homme Oublié, parce que je n'ai jamais vu qu'il fût question de lui dans aucune de ces discussions. Lorsque nous en aurons fini avec A, B et D, nous pourrons mieux apprécier la cause de C, et je crois que nous trouverons qu'il mérite l'attention pour la valeur de son caractère et pour l'énormité des charges qu'il supporte sans les avoir méritées. Ici, il suffit d'observer que, d'après les théories des philosophes sociaux dont nous parlons, nous devrions adopter, pour vivre judicieusement, cette maxime nouvelle, que la pauvreté doit être recherchée; car, si vous devenez riche, vous devrez entretenir les autres, et, si vous ne devenez pas riche, ce sont les autres qui devront vous entretenir.

Sans doute, la cause principale de ces théories obscures et contradictoires sur les relations des classes tient à ce que notre société, réglée dans toute son organisation par certaines doctrines, contient encore des restes d'anciennes théories incompatibles avec celles-ci. Pendant le moyen âge, les hommes étaient groupés par la coutume et la prescription, en associations, en guildes, en communautés de diverses sortes, et unis ensemble par des liens qui duraient autant que la vie; par suite, la société était constituée, dans tous ses détails, par l'état des personnes, et le lien qui rattachait les hommes les uns aux autres avait un caractère sentimental. Dans la société moderne, et aux États-Unis plus que partout ailleurs, la société est fondée sur le contrat, et l'état de chacun est devenu un accessoire. Or, le contrat est quelque chose de raisonné et même de rationnel. C'est un arrangement positif, froid, pratique. Le rapport contractuel est fondé sur des motifs raisonnés, non sur la coutume ou sur la prescription. Il n'est pas permanent, il ne dure pas plus longtemps que les motifs qui lui ont donné naissance. Dans un état fondé sur le contrat, le sentiment est déplacé dans les affaires publiques et dans les affaires courantes; il est relégué dans la sphère des relations personnelles et privées, où il ne dépend pas des types de classe, mais des rapports personnels et des appréciations personnelles. Les personnes sentimentales qui se trouvent chez nous s'attachent à ce qui survit de l'ancien ordre de choses, qu'ils éprouvent le besoin de sauver et de restaurer. Le relâchement de pensée qui jette la confusion dans nos discussions sociales vient de ce que les gens ne distinguent pas, dans notre société, ce qui tient au régime de l'état de ce qui tient au régime du contrat.

Que ceux qui philosophent sur la société le trouvent désirable ou non, il ne peut plus être question de revenir à l'ancien état ou aux rapports de sentiment entre seigneur et vassal, maître et serviteur, professeur et écolier, compagnon et compagnon. Il est certain que nous y avons perdu un peu de grâce et d'élégance; qu'il y avait autrefois dans la vie plus de poésie et de roman. Mais il semble impossible que quiconque a étudié ces matières ne soit pas convaincu que nous avons énormément gagné, et si nous voulons gagner davantage, il nous faut marcher en avant et non revenir en arrière. Les liens féodaux ne pourront jamais être restaurés, et, s'ils pouvaient l'être, nous reverrions le caprice personnel, le favoritisme, la fausseté et l'intrigue. Une société fondée sur le contrat est une société d'hommes libres et indépendants, qui se lient ensemble sans égard à la faveur et au rang, et qui coopèrent ensemble sans bassesse et sans intrigue. Par suite, une société fondée sur le contrat est celle qui donne à l'individu le plus de place, les plus grandes chances de développement, en invitant chacun de nous à compter sur lui-même et à maintenir sa dignité d'homme libre. Il est incontestable qu'une société d'hommes libres, coopérant sous l'empire des contrats est de beaucoup la société la plus forte qui ait existé ; qu'aucune société semblable n'a encore donné la mesure de la force dont elle est capable; et que les seules améliorations sociales concevables doivent tendre à réaliser le plus possible cet idéal d'une société d'hommes libres unis par contrat. Il en résulte, comme conséquence, que le citoyen d'un état libre n'a pas le droit de réclamer le secours d'autrui et ne peut être obligé de prêter secours à autrui. Pour comprendre toute la portée de cette proposition, il convient de voir ce qu'est une libre démocratie.

## II

**Qu'un homme libre est un souverain et qu'un souverain ne peut recevoir de pourboire.**

Un « homme libre », un « pays libre », « liberté et égalité » sont des expressions dont on se sert constamment chez nous. On les emploie comme des mots d'ordre chaque fois qu'on entre dans la discussion des questions sociales. On a raison de s'en servir. Ces mots doivent exprimer les convictions les plus larges de la foi positive de la nation et servir à résoudre les problèmes de détail.

Toutefois, pour que ces termes soient

employés correctement et avec succès, il importe de les définir exactement et d'en donner des définitions conformes à l'usage courant. Sans doute, on croit généralement que ces expressions se comprennent facilement et ne présentent aucune difficulté. Probablement, l'acception vulgaire du mot *liberté* est qu'un homme libre peut faire ce qui lui plaît et que c'est un bien au point de vue de la métaphysique et du sentiment. Un peu d'observation nous montre qu'il n'y a rien dans ce monde qui ressemble à la faculté de faire ce qu'on veut. Il n'y a personne, depuis le vagabond jusqu'au président, jusqu'au pape, jusqu'au tzar, qui puisse faire tout ce qu'il veut ; il n'y a jamais eu d'homme, depuis le barbare primitif jusqu'à Humboldt ou Darwin, qui ait pu faire ce qu'il a voulu. Le bohème qui prend le parti de réaliser quelque liberté de ce genre n'y réussit qu'en sacrifiant la plus grande partie des droits et en manquant à presque tous les devoirs d'un homme civilisé, en filoutant, autant qu'il le peut, les avantages qu'il tire d'un état civilisé. D'ailleurs, la liberté n'est pas du tout chose de métaphysique ou de sentiment, c'est chose positive, pratique, présente; elle est produite et maintenue par les lois et les institutions; elle est donc chose concrète et historique. Quelquefois on parle particulièrement de la liberté civile; mais, s'il y a autre chose que la liberté civile, c'est-à-dire la liberté sous l'empire de la loi, c'est une fiction de l'école que nous laisserons discuter à ceux qui sont à l'école.

Au moment où j'écris, cependant, je trouve dans une importante revue la définition suivante de la liberté: « la liberté civile est le résultat de la contrainte exercée par le peuple souverain sur les individus les plus puissants et les classes les plus puissantes de la Société, pour les empêcher d'user de leur puissance au détriment des autres classes. » Cette définition prend pour base le résultat que l'on semble vouloir atteindre, « qu'un gouvernement populaire ne devienne, en aucun cas, un gouvernement paternel, puisque ses législateurs sont ses mandataires, ses serviteurs préposés à l'exécution des volontés du peuple, et non ses pères ou ses maîtres. » Nous avons là, en termes formels, le sophisme le plus dangereux qui ait cours sur le sujet que nous discutons. Dans cette définition, on peut remarquer que la liberté est comprise comme un acte du peuple souverain contre quelqu'un qui est en dehors du peuple souverain. Chaque fois qu'on se sert du mot « peuple » pour désigner quoi que ce soit de moins que la population entière : hommes, femmes, enfants et bébés, et chaque fois que les grands dogmes qui contiennent le nom de peuple sont formulés en donnant à ce nom un sens limité, il y a toujours un sophisme.

L'histoire n'est que la fatigante répétition d'un même conte. Des personnes ou des classes ont cherché à s'emparer du pouvoir de l'État pour vivre dans le luxe aux dépens des autres. Les autocraties, les aristocraties, les théocraties et les autres organisations ayant pour but de détenir le pouvoir politique, ont agi de même. La plus grande des erreurs politiques serait de dire que, si le pouvoir politique était enlevé aux généraux, aux nobles, aux prêtres, aux millionnaires, aux lettrés, pour être remis aux artisans et aux paysans, ces derniers feraient droit et justice sans abuser jamais du pouvoir, réprimeraient tous les excès des autres et n'en commettraient aucun. Ils commettraient des abus, s'ils le pouvaient et l'osaient, tout comme les autres en ont commis. La cause des excès des anciennes classes gouvernantes n'est pas ailleurs que dans les vices et les passions de la nature humaine : cupidité, luxure, esprit de vengeance, ambition, vanité. Ces vices se rencontrent dans toutes les nations, dans tous les temps, dans toutes les classes : on les trouve dans l'église, dans l'académie, dans la boutique, dans la chaumière, tout comme dans les armées et dans les palais ; on les a vus dans les autocraties, dans les aristocraties, dans les théocraties, dans les démocraties, dans les ochlocraties, toujours les mêmes. Ces vices de la nature humaine n'ont jamais été contenus, chez ceux qui exerçaient le pouvoir politique, que par la loi, soutenue par des institutions impersonnelles. Si le pouvoir politique est donné à des masses qui ne l'ont pas encore possédé, rien ne pourra les empêcher d'en abuser, si ce ne sont des lois et des institutions. Dire qu'un gouvernement populaire ne peut être paternel, c'est dire qu'il ne pourra mal faire. Le malheur est qu'un gouvernement démocratique est plus exposé que tout autre à devenir paternel, parce qu'il est sûr de lui-même, prêt à tout entreprendre, et que son pouvoir est excessif, sans pitié pour les dissidents.

L'histoire nous montre que les droits ne sont respectés que lorsqu'ils sont garantis contre tout pouvoir arbitraire, contre toutes les classes et tous les intérêts personnels. Autour d'un autocrate grandit une oligarchie de prêtres et de soldats. Dans un temps, une classe de nobles s'est développée, s'est transformée en oligarchie puis en aristocratie. Plus tard, le *Démos*, prenant un développement indépendant, a acquis le pouvoir et constitué une démocratie. Enfin la populace d'une capitale a submergé une démocratie et fait une autocratie. Alors l' « idole du peuple » ou le « militaire sauveur de la société, » quelquefois réunis en une même personne, s'est fait autocrate, et l'on a recommencé la ronde. Où est dans tout cela la liberté? Il n'y en a eu aucune, excepté là où l'État a su briser une bonne fois cette ronde pleine de déceptions; mettre des bornes à l'égoïsme, à la cupidité, à la luxure, dans toutes les classes, depuis la plus haute jusqu'à la plus humble, par des lois et des institutions, et créer de grands organes de vie civile qui écartent, autant que possible, dans le règlement des intérêts et la définition des droits, l'arbitraire et les sentiments trop personnels. La liberté est affaire de lois et d'institutions qui mettent en équilibre les droits et les devoirs; on ne l'obtient pas en choisissant telle ou telle classe pour le gouvernement.

La notion d'un État libre est entièrement moderne; elle s'est développée avec la classe moyenne, avec l'industrie et le commerce. Il n'y a pas un siècle que l'horreur de l'esclavage est un sentiment général chez une nation civilisée. L'idée d'un homme libre, comme nous la comprenons, est née de la révolte contre les idées du moyen âge et du régime féodal; et notre idée de l'égalité, lorsqu'elle est correcte et pratique, ne peut être expliquée que par cette révolte. C'est en Angleterre que l'idée moderne a pris naissance; elle s'est renforcée par le développement industriel et commercial de ce pays. Toutes les nations qui parlent anglais en ont hérité, et ont réalisé la liberté parce qu'elles en ont hérité non comme d'une idée seulement, mais comme d'un corps d'institutions. Elle a été imitée par les États militaires et réglementés du continent européen dans la mesure où ils ont ressenti l'influence d'une civilisation industrielle plus ou moins développée; mais ils ne l'ont réalisée qu'imparfaitement, parce qu'ils n'ont pas un corps d'institutions et de traditions locales, et il leur reste encore trop de matière pour les « déclarations » et les « *pronunciamentos.* »

La notion de liberté civile dont nous avons hérité est celle de la création, par les lois et les institutions, « d'un état personnel qui garantisse à chaque citoyen « que le résultat de tous ses efforts sera « employé exclusivement pour son usage « propre. » Il n'y a pas là matière à élection, à suffrage universel ou à démocratie;

toutes les institutions doivent être jugées selon qu'elles garantissent plus ou moins la liberté. On ne peut pas admettre un moment que la liberté soit un moyen d'atteindre la fin sociale et qu'elle puisse être amoindrie en vertu de considérations supérieures. Celui qui raisonne ainsi a perdu le sentiment des rapports des faits et de leurs facteurs dans un État libre. Tout être humain a une vie à soutenir, une carrière à parcourir; il est le centre d'une puissance de travail et d'une capacité d'endurer peut-être sa puissance? — le porte-t-elle loin ou non? ses chances d'action sont-elles étroites ou étendues? sa fortune ou sa souffrance sont-elles plus ou moins grandes? — ce sont des questions relatives à sa destinée personnelle, à laquelle il doit travailler et qu'il doit supporter comme il peut; mais pour tout ce qui est des rapports de la société et des institutions avec cet homme et avec la somme de bonheur qu'il peut obtenir dans sa vie, les enseignements de toute l'histoire et de toute la philosophie se résument en ceci : qu'il doit être libre de faire le plus qu'il pourra pour lui-même et qu'on doit lui garantir la jouissance de tout ce qu'il aura obtenu par son travail. Si la société, c'est-à-dire, pour parler net, ses concitoyens, soit individuellement, soit par groupes, soit en masse, le touchent autrement que pour l'entourer des conditions d'une société neutre, ils doivent être tenus, par l'obligation la plus stricte, de justifier leurs actes. La défiance et le préjugé contre toutes les interventions de ce genre sont de grandes vertus politiques chez un homme libre. La fonction de l'État n'est pas du tout de faire le bonheur des hommes : c'est à eux de le faire à leur idée et à leurs risques. Les fonctions de l'État sont renfermées dans celles des chances et conditions de la recherche du bonheur qui sont affectées par l'organisation civile. Ainsi, la liberté du travail et la sécurité de jouissance des produits du travail sont le but et la fin des institutions civiles, non des moyens qui puissent être employés à des fins ultérieures.

Le principe fondamental de tout bon système politique est que les devoirs et les droits doivent se trouver en équilibre. Un système monarchique ou aristocratique n'est pas immoral, si les devoirs et les droits des personnes et des classes sont en équilibre, bien que les droits et les devoirs des différentes personnes et des différentes classes soient inégaux. Un système politique devient immoral lorsqu'il y a des classes privilégiées, c'est-à-dire des classes qui se sont arrogé les droits en rejetant les devoirs sur les autres. Dans une démocratie, tous les citoyens ont des droits politiques égaux : c'est là le principe fondamental. Une démocratie devient donc immorale, lorsque tous n'y ont pas des devoirs politiques égaux. C'est là, sans contredit, la doctrine qui doit être répétée et inculquée plus que toute autre, si l'on veut que la démocratie soit saine et durable. Nos orateurs et nos écrivains n'en parlent jamais et semblent souvent l'ignorer absolument. Mais le danger réel de la démocratie est que les classes auxquelles elle confie le pouvoir prennent tous les droits et rejettent tous les devoirs, — c'est-à-dire qu'elles se servent du pouvoir politique pour voler ceux qui possèdent. La démocratie, si elle veut être fidèle à son principe et se développer en un bon régime, doit opposer une froide résistance aux prétentions fondées sur la pauvreté comme à celles qui se fondent sur la naissance et la condition sociale. Elle ne doit pas plus admettre à la discussion publique, comme pouvant être réalisés, les plans ayant pour but de soigner et d'assister ceux qui vivent de salaires, que les plans tendant à priver du pouvoir politique tous autres que ceux qui paient les salaires. Elle doit repousser les plans tendant à faire payer aux riches quoi que ce soit pour satisfaire aux besoins des pauvres, comme elle repousse les vieilles théories d'après lesquelles les riches seuls seraient propres au gouvernement. Il suffit de suivre notre littérature périodique pour voir le danger de transformer la démocratie en un régime établi au profit d'une classe privilégiée des plus nombreux et des plus pauvres.

Si nous nous en tenons aux idées de démocratie et de liberté que nous venons de définir, nous voyons qu'il n'y a pas trop de fanfaronnade dans la prétention du citoyen des États-Unis qui se dit « souverain. » Le citoyen d'une démocratie libre est, dans un sens, un souverain : il n'a pas de supérieur. Mais il est arrivé à la souveraineté par un procédé de réduction et de division du pouvoir qui ne lui laisse pas d'inférieurs. C'est une belle chose de s'appeler souverain ; mais il importe beaucoup de remarquer que les obligations politiques de l'homme libre se sont étendues et appesanties dans la mesure où ses droits politiques ont été restreints et divisés. Maints monarques ont été incapables d'être souverains et impropres à l'exercice du pouvoir suprême. Placés dans des situations élevées, et héritiers d'un grand pouvoir, ils n'en ont usé que pour montrer leur imbécillité et leurs vices. C'est qu'ils ne pensaient qu'à satisfaire leur vanité et oubliaient leur devoir. L'homme libre qui vient réclamer l'héritage et la possession de la liberté et de l'égalité dans une grande société civile doit comprendre que ses devoirs et sa responsabilité sont à la mesure de ses droits et de sa puissance. Il ne doit être le sujet de personne; il est l'égal de tous ses emblables, et tous les souverains sont égaux. C'est fort bien; mais il ne peut échapper à cette conséquence, qu'il ne peut appeler personne à son aide. Les autres souverains ne respecteront pas son indépendance, s'il se fait dépendant, et ils ne respecteront pas son égalité, s'il sollicite des faveurs. Lorsque le citoyen libre d'une démocratie libre coupe tous les liens qui auraient pu le faire descendre, il coupe en même temps tous ceux par lesquels il se serait élevé par les efforts des autres. Il doit supporter les conséquences de son nouvel état; il est, dans un certain sens, isolé. Les liens de famille ne lui imposent plus, comme autrefois, la responsabilité des fautes de ses proches; mais ils ne lui donnent plus l'assistance qu'ils lui auraient donnée dans un autre temps. Les relations entre les hommes sont franches et libres, mais elles ont cessé d'être étroites. Un homme libre dans une démocratie libre déroge lorsqu'il reçoit un service dont il ne rend pas l'équivalent.

Le libre citoyen d'une démocratie libre ne doit aux hommes de son rang et de sa position que des égards, de la courtoisie et de la bienveillance. Nous ne pouvons pas dire qu'il n'y a pas de classes lorsque nous parlons politique, et dire qu'il y a des classes lorsque nous disons à A ce qu'il doit faire pour B. Dans un état libre, on pense que tout citoyen aura soin de lui-même dans sa famille, qu'il ne sera pas un embarras pour son voisin et contribuera pour sa part aux intérêts et aux besoins communs. S'il y manque, il rejette sur les autres sa part du fardeau ; il n'acquiert pas, par conséquent, des droits contre les autres ; au contraire, il se charge d'obligations envers eux, et, si on supporte que ses manquements lui donnent un titre pour ses prétentions nouvelles, il acquiert la position d'un privilégié, d'un enfant gâté affranchi de ses devoirs et investi de droits exceptionnels. C'est là le résultat inévitable de la combinaison des théories démocratiques en politique et des théories du socialisme humanitaire. Je sortirais de mon sujet si j'entreprenais de prouver ce que je puis dire en passant, qu'une inconséquence pareille minerait la démocratie, augmenterait le pouvoir de la richesse dans la société et la ferait tomber sous la ploutocratie ; car un homme qui accepte une part qu'il n'a pas gagnée du capital d'autrui ne peut être un citoyen indépendant.

On dit souvent que les citoyens instruits et riches sont obligés envers ceux qui ont moins d'instruction et de fortune, justement parce que l'égalité politique est établie entre les uns et les autres, et on profère des prédictions et des avertissements solennels sur ce qui arrivera si les classes sans instruction, qui ont le droit de suffrage, ne sont pas instruites par les soins et aux frais des autres classes. A ce point de vue, le suffrage universel n'est pas destiné à *renforcer* l'État en appelant à son appui le concours et l'affection de toutes les classes; c'est une nouvelle charge et, en réalité, un péril. Ceux qui le défendent le représentent comme un péril. Cette doctrine est politiquement immorale et vicieuse. Quand une société établit le suffrage universel, c'est comme si elle disait à chaque nouvel arrivant ou à chaque jeune homme : « Je vous donne toutes les chances de succès que tout autre peut avoir ; maintenant, venez avec nous, prenez garde à vous et contribuez pour votre part au fardeau qu'il nous faut supporter tous pour maintenir les institutions sociales. » Certes, la liberté, le suffrage universel, la démocratie ne sont pas des promesses de soins et de protection, car ces institutions exigent la responsabilité individuelle. L'État donne des droits égaux et des chances égales justement parce qu'il ne peut donner rien de plus. Il met chaque homme sur pied et lui donne congé de courir précisément parce qu'il n'entend pas le porter. L'individu ayant été admis au concours est responsable de son succès ou de son insuccès. C'est un malheur pour la communauté, et un malheur dont elle souffre, lorsqu'un individu investi du pouvoir politique devient une charge plus lourde qu'avant d'en avoir été investi; mais on ne peut pas dire qu'un *nouveau devoir* est créé en faveur des mauvais citoyens et à la charge des bons, par le fait que les mauvais citoyens sont devenus une plaie pour l'État.

## III

**Qu'on n'est pas méchant parce qu'on est riche, lors même que l'on serait plus riche que son voisin.**

J'ai sous les yeux un morceau de journal sur lequel est énoncée l'opinion qu'on ne devrait permettre à personne de posséder une fortune de plus d'un million de dollars. Tout auprès se trouve un autre morceau sur lequel il est écrit que la limite devrait être portée à cinq millions. J'ignore quelle est la fortune de l'un et de l'autre écrivain ; mais il importe de remarquer qu'il y a une grande distance entre l'idée que chacun d'eux se fait du chiffre auquel devrait être limitée la fortune de ses concitoyens et du point auquel chacun d'eux (l'État, bien entendu) voudrait aller avant de leur voler ce qu'ils ont gagné. Ces deux journalistes représentent simplement des idées et des réclamations peu réfléchies, répandues et à la mode. Je n'ai jamais connu un homme doué du sens commun vulgaire qui n'enseignât à ses fils, dès leur plus tendre enfance, les principes de l'économie et la pratique de l'accumulation. Un bon père croit agir sagement en encourageant son fils à entreprendre, à devenir un producteur habile, à épargner prudemment et à dépenser judicieusement. Ce père veut apprendre à son fils à accumuler un capital ; cependant, si l'enfant lisait les diatribes contre « les riches », qui flottent dans notre littérature ; s'il lisait ou étudiait quelques-unes des discussions qui ont cours sur le « capital », et si, avec l'ingénuité du jeune âge, il prenait tout cela à la lettre, au lieu d'en rabattre comme son père, il devrait croire que, lorsqu'il gagne et épargne un capital, il est sur la route de l'infamie. Il convient de considérer de qui nous parlons ou ce que nous voulons dire. « Est-ce méchanceté d'être riche? Est-on méprisable pour être capitaliste? » Si c'est une question de mesure, si on a le droit d'être riche jusqu'à un certain point et tort d'être riche au delà, comment déterminer le point de partage? Certes, si nous voulons être pratiques, il faut une approximation plus précise que entre un million et cinq millions de dollars.

Il existe un vieux préjugé ecclésiastique contre les riches en faveur des pauvres. Lorsque les hommes étaient régis par l'Église, ce préjugé causait un gaspillage de capitaux et contribuait puissamment à maintenir l'Europe dans la barbarie. Ce préjugé n'est pas encore éteint ; il survit dans notre société à l'état de contradiction et d'inconséquence ridicule. Il faut accorder aux riches qu'ils ont bon caractère : peut-être ne se connaissent-ils pas eux-mêmes, car il est encore plus difficile de définir un riche que de définir un pauvre. On entend fréquemment un prêtre exprimer en chaire tous les vieux préjugés en faveur du pauvre et contre le riche, et demander en même temps aux riches de faire quelque chose pour les pauvres ; et les riches y consentent sans paraître aucunement blessés de la comparaison haineuse qui vient d'être faite. Nous convenons tous que celui qui s'élève par son travail de la pauvreté à la richesse est un bon citoyen ; mais, dès qu'il s'est élevé à la richesse, nous commençons à le soupçonner d'être un citoyen dangereux. Un journal exprime le sophisme stupide que « les riches sont riches parce que les pauvres sont industrieux, » et il est répété d'un bout à l'autre du pays comme si c'était une vérité éclatante. Le capital est dénoncé par des écrivains et des orateurs qui ne se sont jamais donné la peine de chercher ce que c'est que le capital, et qui emploient les mots en deux ou trois sens différents à deux ou trois pages de distance. On forme des associations de travailleurs, non pour atteindre un but commun par des efforts combinés, mais pour se livrer à la déclamation et à la dénonciation, et spécialement pour faire vivre à l'aise quelques employés qui n'éprouvent nul besoin de travailler. Des gens qui ont rejeté les dogmes de la religion et conservé seulement un reste de sentimentalisme religieux, trouvent une carrière dans la discussion des droits des pauvres et des devoirs des riches. On nous dénonce les banques, les sociétés commerciales, les monopoles, et ces dénonciations ne servent qu'à fomenter une haine et une rage impuissantes, parce qu'elles ne sont contrôlées ni par des définitions, ni par des limitations, ni par des distinctions entre ce qui est indispensable et ce qui est abusif, entre ce qui est d'ordre naturel et ce qui peut tenir à l'erreur législative. Voyez, par exemple, un journal qui s'est donné la spécialité de dénoncer les monopoles et qui défend un tarif protectionniste, et n'a pas un mot à dire contre les Unions de métiers et les brevets d'invention. Voyez des orateurs publics qui soutiennent que le cultivateur est ruiné par les frais de transport, au lieu de dire qu'il ne peut faire de profits parce que sa terre est trop éloignée du marché, et qui dénonce le chemin de fer, parce qu'il ne corrige pas, au profit du cultivateur et aux dépens de ses actionnaires, le désavantage qui résulte de la situation de la ferme. Songez à quoi tend cette façon de comprendre la situation, qui attribue tout le mal à « l'avidité des sociétés financières ! » Quel amas de phases inutiles sur les accaparements sur les compagnies d'eaux et sur les marchés à livrer !

Sans doute, il y a dans le tas des choses dénoncées, des cas de fraude, des escroqueries et autres crimes financiers ; autant vaut dire que l'avidité et l'égoïsme ne cessent d'agir. Ces vices se servent de moyens nouveaux, s'accommodent aux formes nouvelles que prennent les affaires, imaginent constamment de nouvelles méthodes de fraude et de vol, exactement comme les voleurs avec effraction imaginent de nouveaux artifices pour rendre vaines les nouvelles inventions des serruriers. La loi criminelle doit être améliorée pour faire face aux nouvelles formes du crime; mais il est ridicule et indigne du temps où nous vivons, de dénoncer des moyens financiers utiles et légitimes en eux-mêmes, parce qu'on en aura fait un usage frauduleux. Il y a cinquante ans, les vieux tories anglais dénonçaient de même et pour les mêmes motifs toutes les sociétés par actions.

Toutes les dénonciations et déclamations dont nous parlons se fondent sur l'intérêt du « pauvre. » Son nom ne cesse de retentir dans les salles où délibèrent les législateurs; c'est pour lui que l'on fait toutes les lois, et en son nom qu'on les applique. Il n'est jamais oublié dans les pièces de vers, dans les sermons, ni dans les articles de revue. C'est au nom de son intérêt qu'on défend les procédés douteux et les institutions discutables. Eh bien, où est-il, qui est-il, qui l'a jamais vu, quand a-t-il profité des efforts sans nombre faits pour lui? Ou plutôt, n'a-t-on pas vu clairement, après examen, chaque fois que son nom et son intérêt ont été invoqués, que c'était au profit d'un autre, d'un autre trop « malin » pour être jamais pauvre et trop fainéant pour devenir jamais riche par le travail et l'épargne.

On a beaucoup parlé de l'accroissement sans travail de la valeur des terres, à propos des gains considérables réalisés par les propriétaires dans les pays anciennement peuplés. L'augmentation de la valeur des terres a fait, depuis deux siècles, de la position du propriétaire anglais la plus fortunée qu'aucune classe de mortels ait jamais eue; mais, aujourjourd'hui que le revenu des terres anglaises diminue par la concurrence des terres américaines, le moment est mal choisi pour attaquer un avantage qui a cessé d'exister. Bien plus, cet accroissement nouveau de la valeur des terres apparaît aux États-Unis comme un gain obtenu par les premiers venus, par ceux qui ont jeté les fondements d'un nouvel État. Depuis que la terre est monopolisée, l'accroissement non gagné de la valeur des fermes dépend des lois de la Nature. La seule question est de savoir qui en profitera. Sera-ce celui qui est propriétaire par prescription, ou quelque autre, ou tous les autres? Par un heureux résultat de la propriété, le pionnier qui met la terre en valeur et contribue à la fondation d'un nouvel État profite de la plus-value qu'acquiert sa terre à mesure que l'État grandit. Il serait injuste de lui enlever cette part de profit ou de l'enlever à un de ses successeurs qui l'a payée. Il existe aussi une plus-value gratuite du capital et du travail causée par la présence d'une société grande, industrieuse et florissante autour du capitaliste et du travailleur. Une taxe sur la terre et un droit de succession ou d'enregistrement sur les capitaux peuvent être justifiés par la considération de ces faits. Sans doute les capitaux s'accumulent avec une vitesse qui suit rapidement les progrès de la sécurité, du bon gouvernement, de l'ordre qui règne dans l'État où il est employé, et si l'État vient, à la mort du capitaliste, réclamer une part de la succession, sa demande peut être pleinement justifiée. De même le travailleur gagne, lorsqu'il offre son travail dans un État fort, civilisé et bien gouverné, plus qu'il ne gagnerait avec le même effort et la même industrie sur la frontière ou au milieu de l'anarchie. Il obtient une rémunération plus élevée pour ses services, et il participe à la jouissance de tout ce capital accumulé qui, dans une société riche, est, de sa nature, public ou à peu près public.

On dit souvent que la terre appartient au genre humain, comme si la terre, à l'état naturel, était un bien gratuit, un don. La terre, en cet état, n'est qu'un moyen éventuel de soutenir la lutte pour l'existence, et l'homme qui cherche à gagner sa vie en mettant la terre en culture fait cette entreprise dans les conditions les moins favorables, parce que la terre ne peut être mise en culture qu'au prix de grands efforts et de privations soutenues. Il y aurait don gratuit ou cadeau, si l'on pouvait obtenir la terre après qu'un autre l'aura mise en culture. Chacun des hommes qui existent aujourd'hui peut avoir de la terre à l'état naturel, en allant seulement la prendre; mais il y a des millions d'hommes qui se considéreraient comme « transportés à perpétuité, » s'ils étaient forcés d'aller et de rester sur des terres incultes pour y gagner leur vie. La propriété privée appliquée à la terre n'est qu'une division du travail. S'il est vrai, à un certain point de vue, que nous possédions le sol en commun, le meilleur usage que nous puissions faire de notre part indivise sera de la remettre gratuitement (comme nous le faisons actuellement), à celui qui prend la fonction de s'occuper de la terre, pendant que les autres prendront une autre fonction dans l'organisation sociale, parce que, en agissant ainsi, chacun de nous gagnera beaucoup plus que si chacun de nous avait sa part de terre et la faisait valoir directement. L'offre et la demande déterminent actuellement la répartition de la population entre le soin de la terre et les autres occupations. Si les profits et les chances de la culture étaient réduits par une soustraction, par l'impôt, de toute la « plus-value gratuite, » on aurait simplement fait un nouveau partage des emplois jusqu'à ce que les profits de l'agriculture, diminués du montant de l'impôt et des avances de plus-value, devinssent égaux à ceux des autres professions exemptées d'impôt.

Il est remarquable que la haine de la propriété individuelle du sol accompagne des doctrines fort exagérées de propriété de tribu ou de nation. On nous dit que Jean, Jacques ou Guillaume ne doit pas posséder une part de la surface de la terre, parce que la terre appartient à tous les hommes ; mais on soutient que les Égyptiens, les gens de Nicaragua, les Indiens ont des droits sur le territoire qu'ils occupent;

qu'ils peuvent, s'ils le veulent, fermer les voies du commerce et de la civilisation, et qu'on a tort de passer par dessus leurs préjugés et de les exproprier. La vérité est que l'idée que la terre appartient au genre humain n'a d'application pratique que dans ce dernier cas.

Les grands profits des grands capitalistes, dans un État moderne, peuvent être considérés comme le prix d'une direction. Celui qui croirait qu'une grande entreprise industrielle peut s'élever sans travail aurait bien peu d'expérience de la vie. Que le premier venu essaie de faire un chemin de fer, de monter une fabrique et de mettre en réputation ses produits, de créer et d'accréditer un établissement d'instruction, de fonder un journal et de le faire réussir ou de monter une autre entreprise, et il verra quels obstacles il faut vaincre, quels risques il faut courir, quelle persévérance et quel courage il lui faut déployer, quelle prévoyance et quelle sagacité lui sont nécessaires ! Cela est vrai surtout dans un pays neuf, où il y a tant de tâches à remplir, où les ressources sont toujours médiocres, où le jugement, le courage et la persévérance nécessaires pour organiser et conduire avec succès de nouvelles entreprises doivent aller jusqu'à l'héroïsme. Les hommes qui possèdent les qualités nécessaires obtiennent une rétribution considérable. Cela doit être, et c'est sottise de les dénigrer. La capacité d'organiser et de conduire des entreprises industrielles, commerciales ou financières est rare. Les grands capitaines de l'industrie ne sont pas plus communs que les grands généraux. La grande faiblesse de toutes les entreprises coopératives est dans la direction et la surveillance. Les hommes de routine et les hommes qui font ce qui leur est ordonné ne sont pas difficiles à trouver; mais les hommes capables de penser, de créer un plan et de commander aux hommes de routine ce qu'il faut faire sont très rares : ils sont payés d'après la loi de l'offre et de la demande.

Si M. A. T. Stewart a fait une grande fortune en allant chercher et en apportant des tissus au peuple des États-Unis; il l'a faite, parce qu'il a su s'acquitter de cette fonction mieux qu'aucun homme de son temps. Il l'a prouvé, parce qu'il a conduit ses affaires, à travers les crises commerciales et la guerre, en les augmentant toujours. Comme à sa mort il n'a pas laissé de successeur suffisamment capable, ses affaires ont dû être liquidées, passer, avec une organisation nouvelle, dans les mains d'autres hommes. Quelques-uns ont dit que M. Stewart avait fait sa fortune aux dépens de ceux qui avaient travaillé pour lui et avec lui. Mais ses collaborateurs auraient-ils été capables de se réunir, de s'organiser ensemble et de gagner ce qu'ils ont gagné avec lui? Pas du tout : ils seraient demeurés relativement sans ressources. Lui et eux formaient ensemble un grand système de fabriques, de magasins, de transports, sous sa direction et son jugement. Ils l'ont fait à l'avantage de tous; mais il apporta dans cette coopération ce qu'aucun autre n'y aurait pu apporter : l'esprit directeur qui a rendu tout possible. On ne peut dire, en aucun sens, que l'homme qui fait sa fortune par une industrie légitime exploite ses employés ou s'enrichit aux dépens de chacun d'eux. La fortune qu'il gagne n'existe que par lui.

L'accumulation de grandes fortunes

n'est pas du tout regrettable : au contraire, c'est la condition nécessaire de plusieurs formes de progrès social. Si nous mettions une limite à l'accumulation de la richesse, nous dirions à nos meilleurs producteurs : « Nous ne voulons pas que vous nous rendiez les services que vous êtes les plus capables de rendre au delà d'un certain point. » Autant vaudrait tuer nos généraux en temps de guerre. On a beaucoup parlé dans le jargon d'une certaine école du « point de vue moral de la richesse », et on nous assure que quelque jour il y aura des hommes assez pénétrés d'amour du bien public pour, après qu'ils auront acquis quelques millions, aller et travailler simplement pour le plaisir de payer les impôts de leurs concitoyens. Peut-être est-ce vrai. C'est une prophétie : il est aussi impossible de prouver le contraire qu'il est peu sensé de l'affirmer. Si jamais il arrive qu'on trouve des hommes de cette espèce, les hommes d'alors s'arrangeront en conséquence. Il n'y a pas aujourd'hui d'hommes pareils, et ceux d'aujourd'hui ne peuvent arranger leurs affaires en vue de ce que seront les hommes cent générations après la nôtre.

Tout nous indique que nous verrons se développer la puissance des capitaux accumulés au service de la civilisation et que ces nouveaux développements auront lieu ici, en Amérique. Les sociétés par actions sont encore dans l'enfance et leurs capitaux, loin de pouvoir être supprimés, deviennent de jour en jour plus indispensables. J'aurai quelque chose à dire dans un autre chapitre sur les contrôles et garanties que des considérations politiques rendent nécessaires. Économiquement parlant, les capitaux accumulés seront de plus en plus indispensables pour l'accomplissement de nos tâches sociales. En outre, il me semble certain que les capitaux réunis tomberont de plus en plus sous un contrôle personnel. Chaque grande compagnie sera de plus en plus sous la direction d'un maître homme, à cause de la grande supériorité des directions personnelles sur les directions des conseils d'administration et des comités. Cette tendance est dans l'intérêt public, parce qu'elle détermine la responsabilité la plus effective. Le grand obstacle qu'a rencontré le progrès de l'Amérique a été le défaut de capital : celui que nous possédions était gaspillé dans des emplois peu judicieux, parce qu'il était divisé. Ce qui a été perdu, en ce pays, de 1800 à 1850, en frais de voies de communication et de transport est énorme en proportion du capital total. Les pertes doivent être attribuées surtout à l'ignorance, à la mauvaise administration et spécialement à l'ingérance de l'État dans les travaux publics. Nous verrons le pays se développer suivant une progression inconnue jusqu'à ce jour par l'association des capitaux et par leur emploi systématique sous la direction d'hommes capables. Ce développement sera profitable à tous et mettra chacun de nous, selon ses idées et dans la mesure de ses forces, en position d'augmenter sa fortune. Chacun de nous pourra y aller hardiment et nous aurons toute raison de nous réjouir de la prospérité les uns des autres. Il ne faut pas de lois pour garantir les capitaux contre la sottise de ceux qui les possèdent. En l'absence de lois de ce genre, la fortune tombée par héritage aux mains d'un prodigue sera gaspillée et réaccumulée dans les mains d'hommes capables de la conserver. Cela doit être et quand les choses seront ainsi, il n'y aura pas de raison pour désirer qu'il y ait une limite à la fortune que chacun peut acquérir.

## IV

### Pourquoi l'homme n'est pas tout à fait une brute.

Un personnage, dans un conte arabe, désire savoir lequel de ses trois fils a le plus d'affection pour lui. Il les envoie chercher le présent qui peut lui être le plus utile. Les trois fils se rencontrent dans une ville lointaine et comparent les présents apportés par chacun d'eux. Le premier a un tapis sur lequel il peut se transporter, lui et les autres, où il veut; le second possède un remède qui guérit tous les maux; le troisième a une glace dans laquelle il voit tout ce qui se passe dans tel lieu qu'il nomme. Celui-ci emploie sa glace pour voir ce qui se passe chez eux et voit son père malade au lit; le premier se transporte avec ses deux frères à la maison; le second administre le remède à leur père et lui sauve la vie. La perplexité du père lorsqu'il veut apprécier lequel des cadeaux de ses fils lui a été le plus utile montre bien la difficulté de décider lequel des trois facteurs : terre, travail et capital est le plus essentiel à la production. Aucune production n'est possible sans la coopération de ces trois facteurs.

Nous savons que les hommes ont autrefois vécu des fruits spontanés de la terre, comme les autres animaux. Dans cette période de son existence, l'homme était semblable aux bêtes. Sa vie était à la merci de la nature; il prenait les aliments qu'il pouvait et mangeait ce qu'il trouvait, mais dépendait des dons de la nature, ne pouvait rien lui arracher, rien lui faire produire et n'avait que ses membres comme moyens de s'approprier les dons qu'elle lui présentait. Son existence était presque entièrement dominée par les accidents; il n'avait point de capitaux et vivait de ce qu'il produisait. Sa production était fondée sur deux éléments seulement : les fruits de la terre et le travail nécessaire pour se les approprier. Aujourd'hui l'homme est un animal intelligent; il connaît quelque chose des lois de la nature; il peut, dans une certaine mesure, se servir de ce qu'il trouve en elle d'utile et éviter ce qui lui est nuisible. Il a diminué le domaine du hasard et l'a réduit en quelque sorte à des calculs qui en atténuent l'importance; il a mis à son service les forces productives de la nature et leur fait produire des aliments, des vêtements, des logements. Comment ce changement d'état a-t-il eu lieu? Par le capital. Si nous arrivons à comprendre ce qu'est le capital et quelle place il occupe dans la civilisation, nous aurons éclairci nos idées au sujet d'un grand nombre de ces plans et de ces philosophies formés pour critiquer les arrangements sociaux actuels et pour servir de base aux projets de réforme. Les premières origines du capital se perdent dans les ténèbres qui couvrent celles de toute la civilisation. Plus on comprend nettement quel a été l'état primitif de l'homme, plus on admire que l'homme ait pu s'élever à la civilisation. Nous trouvons chez les bêtes des formes rudimentaires de capital; mais entre ces sortes de capitaux et les plus élémentaires des vrais capitaux, il y a une distance considérable. On ne comprend pas que l'homme l'ait franchie sans s'être livré à une réflexion intelligente, et tout ce que nous savons de l'homme primitif nous apprend qu'il ne réfléchit pas. Sans doute le hasard a été pour quelque chose dans les premiers pas; on a pu perdre plusieurs fois le terrain qu'on avait gagné. Il y a un élément naturel, le feu, dont l'homme a su se servir si tôt que nous ne trouvons pas trace de sa découverte non plus que de celle de l'arme-outil naturel, le silex. Nous ne pouvons remonter au delà de l'homme qui, sachant se servir du feu et du silex, était déjà très supérieur aux bêtes. L'homme d'une civilisation inférieure était tellement semblable aux bêtes que, comme elles, il n'a laissé d'autre témoignage de son passage sur la terre que ses ossements.

L'homme qui se sert de la pierre n'est déjà plus la proie nécessaire d'une bête féroce et peut en faire sa proie. Il peut se nourrir de viande et s'en approvisionner pour un temps pendant lequel il peut perfectionner ses outils de pierre : il se vêt de la peau des animaux, se fait des aiguilles de leurs os et du fil de leurs tendons. Il a plus tard imaginé des trappes et des pièges pour prendre les animaux vivants; ils les a domestiqués et s'est nourri de leur croît; il en a fait des bêtes de trait et de charge et a acquis ainsi l'usage d'une force naturelle. Celui qui a possédé des bêtes de trait et de charge a pu faire des routes et du commerce, de manière à jouir des avantages de tous les sols et de tous les climats; il a pu faire un canot et employer le vent comme force motrice. Il a possédé alors assez d'outils, assez de science et d'invention pour cultiver la terre et exiger d'elle plus d'aliments. Ainsi depuis que l'homme s'est élevé au-dessus de la brute, c'est le capital qui a rendu la civilisation possible, et chaque fois que le capital a augmenté la civilisation a pu faire un pas en avant jusqu'à l'heure actuelle. On n'a pu et on ne peut faire un pas en avant sans un capital. C'est le travail accumulé, multiplié par lui-même, élevé à une plus haute puissance, comme disent les mathématiciens. La locomobile n'est possible aujourd'hui que parce que, depuis l'outil de pierre, une invention s'est étendue par la suivante pendant des milliers de générations. Nous ne pouvons bâtir une école, un hôpital, une église, former une société pour les missions sans capital, pas plus que nous ne pouvons, sans capital, bâtir un palais ou une manufacture. Nous avons nos bras et la terre ; notre puissance est limitée par le troisième facteur, le capital. Le capital est de la force, de l'énergie humaine emmagasinée ou accumulée, et il y a peu de personnes qui parviennent à apprécier l'importance qu'il a dans la civilisation. Nous sommes tellement habitués à nous en servir que nous n'en comprenons plus l'utilité.

L'organisation industrielle de la société s'est développée avec l'accroissement du capital. La nécessité seule de gagner sa vie et les souffrances supportées pour satisfaire ce besoin ont poussé les hommes à se répandre sur la terre et à développer les arts industriels. L'espèce humaine doit payer de son sang chaque progrès qu'elle fait ; elle doit acheter l'expérience. C'est l'accroissement de la population qui a maintenu la nécessité d'émigrer ou d'acquérir sur la nature un pouvoir nouveau. Là où la population est devenue habituellement excessive, et là où elle a fléchi et succombé au lieu de déployer assez d'énergie pour réaliser un nouveau progrès, les races ont dégénéré et sont tombées dans une barbarie permanente. Elles ont perdu la puissance de se relever, parce qu'elles n'ont pas fait de nouvelles inventions. Là où la vie a été si facile et si abondante qu'elle a coûté peu d'efforts, on a peu amélioré. C'est dans la situation moyenne, là où la pression sociale était suffisante pour rendre l'énergie nécessaire, sans être assez grande pour produire le désespoir que les plus grands grogrès ont été accomplis.

Au commencement, tout travail était forcé. Les hommes l'imposaient aux femmes, qui étaient des manœuvres et des esclaves. Les hommes se réservaient la chasse et la guerre. On trouve encore parfois des ombres étranges et souvent horribles de toute la vieille barbarie primitive dans les bas fonds des grandes villes et dans les dernières classes, au sein des nations civilisées. Encore aujourd'hui, dans ces groupes, les hommes imposent le travail aux femmes. C'est en passant par différents degrés d'esclavage, de servage, de villainage, et par les organisations de castes et de guildes que l'organisation industrielle s'est modifiée et développée, jusqu'à l'état où elle est aujourd'hui. Il s'est trouvé des hommes pour dénoncer et décrier le système actuel, qu'ils appellent le système capitaliste. Il est fondé sur la liberté, la propriété individuelle et les contrats. On y est arrivé par l'émancipation graduelle de la masse des hommes qui ont été affranchis des chaînes imposées par la nature et par d'autres hommes. Les communautés de village, dont le souvenir excite l'admiration romanesque de quelques écrivains, ne convenaient qu'à une société bien primitive et peu organisée; elles n'étaient bonnes ni pour lutter avec la difficulté d'obtenir beaucoup d'aliments de peu de terre, ni pour combattre la malice des hommes. Aussi ont-elles disparu. Dans la société moderne, l'organisation du travail est élevée ; les uns sont propriétaires et agriculteurs, les autres agents de transports, banquiers, négociants, professeurs, tandis que d'autres ajoutent aux produits par les manufactures. C'est un partage des fonctions qui se perfectionne constamment par la subdivision des métiers et des occupations et par la différentiation de nouvelles professions.

Les liens qui rattachent ensemble les diverses parties du tout sont la liberté de coopération et les contrats. Si nous jetons nos regards en arrière, pour chercher dans l'histoire et dans l'expérience des termes de comparaison, nous voyons que le système moderne de liberté du travail offre à tous les êtres humains des chances de bonheur infiniment supérieures à celles des générations précédentes. Il ne présente pas les garanties assurées autrefois à quelques-uns, qu'en aucun cas ils n'éprouveraient de souffrances. Nous en avons un exemple sous la main. Les nègres, autrefois esclaves aux États-Unis, étaient assurés de la nourriture et des soins médicaux en cas de maladie; mais ils travaillaient, et d'autres hommes recueillaient le produit de leur travail. Ils sont devenus libres, ce qui veut dire simplement ceci : ils travaillent et gardent le produit de leur travail, mais ne sont assurés de rien au delà de ce qu'ils peuvent gagner. En s'affranchissant de l'esclavage, ils ont perdu leurs anciens droits : ils ne sont entretenus et n'ont de soins médicaux qu'autant qu'ils gagnent de quoi pourvoir à ces besoins. Dira-t-on que les nègres n'ont rien gagné au change? dira-t-on qu'il n'y ait un certain nombre de nègres qui y aient perdu? Se laissera-t-on aveugler par les observations faites dans l'un ou dans l'autre sens sur la véritable portée du changement accompli? Si quelqu'un pense qu'il y a ou qu'il devrait y avoir dans l'état social quelques garanties contre la souffrance, il doit comprendre que ces garanties ne peuvent exister qu'autant qu'elles sont données par d'autres hommes, c'est-à-dire qu'autant que nous reviendrions à l'esclavage, en procurant aux uns le bien-être au moyen des efforts des autres. En définitive, si un esprit spéculatif, laissant de côté les enseignements de la science et de l'histoire, imagine une société idéale dont les conditions soient toutes différentes de celles de la société actuelle, il est un législateur ou un prophète que peuvent écouter ceux qui en ont le temps.

Le système industriel moderne est une grande coopération sociale, agissant d'une façon automatique et instinctive, dont les organes s'ajustent tout naturellement. Les individus sont liés ensemble par la force impersonnelle de l'offre et de la demande. Ils peuvent ne se voir jamais ; ils peuvent être séparés par une demi-circonférence du globe ; leur coopération dans le travail social est combinée et remaniée par le mécanisme financier, et leurs droits, leurs intérêts respectifs sont réglés sans traité spécial ni convention spéciale. Tout marche si doucement et si naturellement, qu'on ne s'en aperçoit pas. On dirait que cela ne coûte aucun effort et va tout seul, à ce qu'il semble. La vérité est que ce grand travail de coopération est un des grands résultats de la civilisation, un de ses produits les plus coûteux et de ses derniers progrès, parce que là, plus que partout ailleurs, l'intelligence intervient, et c'est une intelligence tellement claire et correcte, qu'il est inutile d'indiquer ses combinaisons.

Maintenant, par cette grande organisation sociale, tous les hommes civilisés (nous dirons bientôt tout le genre humain) luttent en commun contre la nature pour leur subsistance. On peut dire que la société civilisée se maintient dans une situation artificielle, élevée sur la terre au-dessus de l'état naturel du genre humain; elle ne peut s'y soutenir que par une organisation intelligente du travail social et la conservation du capital. A cette hauteur, elle entretient un nombre d'hommes plus grand qu'elle n'en pouvait soutenir dans tous les états inférieurs. Les hommes qui viennent dans la société telle qu'elle est aujourd'hui ne peuvent y vivre qu'en entrant dans son organisation. Si leur nombre augmente, cette organisation doit être perfectionnée et le capital doit être augmenté : en d'autres termes, il faut acquérir sur la nature un pouvoir plus grand. Si la société ne conserve pas ce pouvoir, si elle abaisse son organisation ou diminue son capital, elle retombe vers l'état de barbarie d'où elle est sortie, et, dans ce mouvement rétrograde, elle perd des milliers de ses membres les plus faibles. Aussi la société s'efforce-t-elle toujours de s'élever en marchant en avant, et ceux qui ont le plus d'intérêt à ce que cette marche continue avec succès, à ce que l'organisation sociale se perfectionne et à ce que le capital augmente, sont ceux qui occupent le dernier rang.

La notion de propriété qui règne aujourd'hui chez nous attribue à chacun les produits de son travail. C'est une conception moderne qui tient à un état élevé de civilisation. Chose étrange! on l'a énoncée comme un dogme pour soutenir que la propriété foncière n'a pas de raison d'être, parce que l'homme n'a pas fait la terre. L'homme ne peut pas « faire » du bétail ou un produit quelconque sans avoir, au préalable, approprié la terre de façon à y prendre le minerai, le bois, la laine, le coton, la fourrure ou toute autre matière première. Tout ce que l'homme s'approprie de la terre n'est que pour acquérir le moyen d'en tirer les matières nécessaires à l'exercice de son industrie. Par conséquent, historiquement et logiquement, l'appropriation précède la production. Les races primitives regardaient et regardent encore la possession comme le meilleur titre de propriété, et, comme d'ordinaire, elles sont logiques. Leur façon de penser est la plus simple et la plus naturelle, lorsqu'elle considère comme appartenant à un homme la chose qu'il a associée, pendant un certain temps, à sa personne, en la charroyant, en la transformant, en la maniant. J'entendais un jour un enfant de quatre ans dire à sa mère : « Pourquoi ce crayon n'est-il pas mien maintenant? Il était à mon frère, mais je m'en suis servi toute la journée. » Cet enfant raisonnait comme ses ancêtres barbares. La raison qui a fait établir la propriété individuelle de la terre, c'est que deux hommes ne peuvent manger le même morceau de pain. Si A a pris une pièce de terre et y travaille pour en tirer son morceau de pain, B ne peut en même temps se servir de la terre pour la même fin. La priorité d'occupation est le seul titre qui puisse être préféré au droit du plus fort. Si l'homme n'est pas tout à fait une brute, c'est parce qu'il a appris à accumuler des capitaux, à s'en servir, à s'élever à une meilleure organisation sociale, à établir une coopération plus étendue, à augmenter ainsi sans cesse son pouvoir sur la nature.

C'est une grande illusion de considérer la société et de regarder les hommes qui y occupent les positions les plus élevées comme un type au niveau duquel tous les hommes pourraient ou devraient être élevés. Toutes les plaintes, toutes les critiques contre l'inégalité des hommes, s'appliquent aux inégalités de biens, de luxe, de comfort, non aux inégalités de science, de vertu, ou même de beauté et de force physique. Mais il est évidemment impossible que nous devenions tous égaux aux meilleurs d'entre nous. L'histoire de la civilisation nous enseigne que le genre humain n'a pas du tout marché en un bataillon solide composé de rangs égaux. Il a eu son avant-garde, son arrière-garde et ses traînards. Il se présente encore dans le même ordre : on y voit tous les degrés depuis la civilisation la plus haute, jusqu'aux types survivants de la plus infime barbarie. Et si nous analysons la société de l'État le plus civilisé, spécialement dans une de ces grandes villes où la culture triomphe dans ses plus hauts succès, nous trouvons des types de toutes les formes de barbarie et de civilisation inférieure. Ainsi ceux qui sont aujourd'hui le plus émancipés des souffrances de la condition humaine et qui disposent de toutes les ressources de la civilisation nous montrent simplement l'état le meilleur auquel l'homme puisse arriver aujourd'hui. Pouvons-nous arriver tous à cet état avec des désirs ? Pouvons-nous nous le voter les uns aux autres ?

Si nous renversons ceux qui ont le mieux réussi et qui ont été les plus heureux; n'irons-nous pas par ce renversement même, loin de notre but? Ceux qui veulent tirer quelque plan raisonnable de cet amas d'idées fausses de la société et de l'histoire, ne font que tomber dans des contradictions absurdes auxquelles ils ne peuvent échapper. Si quelqu'un digne du premier rang, ne s'y trouve pas, qu'il déploie une énergie nouvelle et prenne la place qui lui appartient. Si quelqu'un après avoir fait tout ce qu'il peut, n'est pas au premier rang, comment peut-il être avancé? Il n'a d'autre moyen que de peser sur un autre qui sera forcé de contribuer à le faire avancer.

On dit souvent que la masse des hommes est encore ensevelie dans la pauvreté, dans l'ignorance, dans l'abrutissement. L'assertion serait exacte au point de vue de l'histoire et de la sociologie, si l'on disait : « Il n'y a qu'une petite partie du genre humain qui, par une lutte de plusieurs milliers d'années, se soit émancipée jusqu'à un certain point de la pauvreté, de l'ignorance et de l'abrutissement. » Lorsque, dans notre vue sur l'ensemble des choses, nous faisons cette simple correction, nous arrivons aux corollaires les plus importants pour résoudre les questions secondaires sur les rapports des races, des nations et des classes.

## V

### Qu'il faut avoir peu d'hommes si nous voulons avoir des hommes forts.

Dans notre révolte contre les idées d'honneur et de honte héréditaire qui régnaient au moyen âge, nous sommes allés trop loin, car nous avons perdu l'appréciation de la véritable dépendance qui existe entre les parents et les enfants. Nous avons une phrase toute faite sur « l'accident de la naissance » dont il serait bien difficile de déterminer le sens. Si A épouse B, ce n'est pas par accident qu'il a pris B plutôt que C ou D, ou toute autre femme ; et si A et

B ont un enfant, X, les liens qui rattachent cet enfant à ses ancêtres et à sa postérité, ses rapports avec le genre humain dans lequel il est né de A et de B, n'ont rien d'accidentel. L'intérêt de l'enfant dans la question de savoir si A aurait dû épouser B ou C, est aussi matérielle qu'on puisse s'imaginer et la chance qui a fait X, fils de A et non d'un autre homme est le fait le plus matériel de sa destinée. Si cela était mieux compris, l'opinion régnante sur la morale du mariage et des rapports de père à fils subirait de très heureux changements. En suivant la tendance moderne de l'opinion, nous avons perdu de vue la responsabilité des parents et notre législation a rendu quelques parents responsables, non seulement de leurs enfants, mais de ceux des autres.

Le rapport entre enfants et parents est le seul dans lequel la nature nous montre le sacrifice. Partout ailleurs l'échange et l'équivalence règnent rigoureusement. Encore les parents transmettent-ils à leurs enfants l'équivalent de l'héritage qu'ils ont eux-mêmes reçu de leurs ancêtres. Ils doivent transmettre cet héritage augmenté, car c'est ainsi que le genre humain fait des progrès constants dans sa lutte avec la nature. S'il recule devant les souffrances de la vie, il en est puni par un retour en arrière. Nous ne pouvons rester immobiles. Eh bien ! c'est l'affection paternelle qui est le motif personnel pour lequel chaque individu prend sa place dans la lutte que nous soutenons pour étendre les limites dans lesquelles notre vie est contenue. L'affection que l'homme porte à sa femme et à ses enfants est le plus grand des motifs qui le portent à l'ambition sociale et au respect de lui-même, c'est-à-dire à un type élevé d'existence.

Il y a des gens qui se montrent très scandalisés de ce qu'on appelle malthusianisme, lorsqu'il en est question dans un livre, qui seraient bien honteux s'ils ne pratiquaient pas pour leur compte le malthusianisme. Dans le monde qui se respecte, l'homme qui aurait pris la responsabilité des soins et de l'entretien d'une famille avant de s'être assuré d'un métier ou d'une profession, ou avant d'avoir accumulé un capital et qui laisserait sa femme décheoir de son rang, ses enfants sales, négligés, en haillons, serait sévèrement blâmé par l'opinion publique. Le train de vie qu'un homme se fait, pour lui et sa famille, lorsqu'il gagne de quoi y subvenir et ne demande rien à personne, est la mesure du respect qu'il a pour lui-même ; et un grand train de vie est une limite morale que les personnes intelligentes se posent elles-mêmes bien en dedans des limites extrêmes des ressources fournies par la terre, limites qui sont la famine, la peste et la guerre. Mais un grand train de vie contient la population et si nous voulons que les hommes soient maintenus à ce train, il faut en avoir un plus petit nombre.

Si l'on prend les hommes tels qu'ils sont et ont été, on les trouve sujets à la passion, à l'émotion, à l'instinct. Une élite seulement a pu s'élever au point où la raison et la conscience dominent les mobiles inférieurs.

Pour la masse des hommes, ce qui est le mieux coûte trop cher, parce que le prix peut être exprimé en un mot : continence. Aussi, à part un petit nombre, la vie la meilleure consiste à se maintenir dans sa condition, à payer ses dettes et à élever deux ou trois enfants de telle sorte qu'ils puissent vivre dans une condition égale à celle de leur père ; ceci obtenu, le compte est soldé.

Puisque dans la société civilisée, nous devons tous vivre sur le capital existant et que ceux qui sont venus au monde sans capital accumulé, n'ont aucun droit à en réclamer un et ne peuvent en laisser à leurs enfants ; puisque ceux qui possèdent la terre l'ont payée avec un capital qu'ils ne possèdent plus et qui a passé en d'autres mains pour recevoir un emploi industriel, comment celui qui n'a reçu ni héritage, ni terre, ni capital, peut-il gagner sa vie ? En employant son énergie productive à appliquer le capital à la terre pour produire de nouvelles richesses et en s'assurant une part de capital par un contrat avec ceux qui le possèdent.

Sans doute dans toute la lutte pour l'existence, le capitaliste a un grand avantage sur l'homme qui ne possède pas de capital. Imaginez deux hommes qui ont à soulever un fardeau, dont l'un à un levier, tandis que l'autre n'a que ses bras; — ou deux hommes qui cultivent la terre, l'un avec ses mains et un bâton, l'autre avec un cheval et une charrue, ou deux hommes en face d'une bête féroce, dont l'un n'a qu'un bâton ou une pierre et l'autre une carabine à répétition; ou deux malades, dont l'un peut voyager, payer un médecin, se donner de l'espace, de la lumière, de l'air et de l'eau, tandis que l'autre manque de tout cela. Cela ne veut pas dire que l'un de ces hommes ait un avantage *contre* l'autre, mais que, lors qu'ils luttent en concurrence pour obtenir de la nature des moyens d'existence, celui qui possède un capital a sur l'autre des avantages incommensurables. S'il en était autrement, le capital ne se serait pas formé. Le capital ne se forme que par l'abstinence et si sa possession ne procurait pas des avantages et une supériorité d'un ordre élevé, les hommes ne voudraient jamais s'assujettir aux conditions nécessaires pour l'acquérir. La première accumulation est celle qui coûte le plus, de beaucoup, et l'accroissement qui vient des revenus semble pitoyable au commencement. Entre les comparaisons, toujours imparfaites et insuffisantes qui servent à élucider l'idée de capital, celle de la boule de neige fait bien comprendre quelques phénomènes. La formation du noyau est lente, mais à mesure que la boule grossit, l'accumulation augmente dans des proportions rapides et l'effort de la privation diminue. Cette circonstance est favorable à l'accumulation du capital; car si l'effort d'abstinence restait le même qu'à l'origine, l'accumulation cesserait bientôt, parce que le résultat ne paierait plus ce qu'il coûterait. L'homme qui possède un capital a assuré son avenir et conquis un loisir qu'il peut employer à obtenir des objets de seconde nécessité et s'est émancipé des soins grossiers qui rappetissent la vie. La possession d'un capital est donc la première condition du bien dans l'éducation, dans la culture scientifique et morale. Cela ne veut pas dire qu'un homme pauvre ne soit pas un homme bon : cela signifie que l'extension et l'élévation de tous les intérêts moraux et métaphysiques du genre humain ont pour condition première l'extension de la civilisation, conséquence de l'accumulation du capital, et que celui qui possède un capital peut y participer et aller aussi loin que le permet l'idéal le plus élevé que l'on connaisse de son temps. Il semble résulter de là que l'homme qui n'a pas encore épargné, quelque bonnes que soient ses intentions, ne peut pas être comme celui qui a déjà épargné. Il y a des gens qui trouvent cela fort injuste : c'est qu'ils tirent leurs idées de justice d'une inspiration occulte et non de l'observation des faits dans ce monde formé et existant comme il est.

La maxime ou commandement qu'inspire l'étude du capital est : « Acquiers un capital ». Dans une société où le train de vie est élevé et les conditions de la production favorables, il existe une marge étendue dans laquelle l'individu peut pratiquer l'abstinence et gagner un capital sans souffrance, s'il n'est pas chargé d'une famille. Il est certain qu'il lui faut de l'énergie, du courage, de la persévérance et de la prudence. Celui qui croit qu'aucun des biens de ce monde peut être acquis sans ces vertus peut croire à la pierre philosophale ou à la fontaine de Jouvence.

S'il existait quelque part une Utopie, ses habitants seraient certainement très insipides et sans caractère.

Ceux qui ne possèdent ni terre ni capital ont sans contredit un intérêt de classe plus étroit que les propriétaires et les capitalistes. Si quelque membre des deux dernières classes est un prodigue, il perd ses avantages. Si les non capitalistes augmentent en nombre, ils se livrent aux propriétaires et aux capitalistes; ils se mettent en concurrence pour les aliments, de façon à élever la rente de la terre, et leur concurrence pour les salaires donne au capitaliste le moyen d'obtenir une grande somme de travail productif au prix d'une petite somme de capitaux. Si quelques-uns d'entre eux sont économes et prudents dans une classe qui n'économise rien et se marie de bonne heure, ils souffriront de la folie des autres, puisqu'ils ne pourront obtenir que le salaire courant, et, si celui-ci est bas, la marge pour épargner est bien étroite. On n'a pas encore d'exemple d'une société composée d'une classe de gros capitalistes et d'une classe de travailleurs tombés à l'état de manœuvres. Probablement rien de pareil n'est possible tant que les propriétaires ne sont qu'une troisième classe et que la société continue à former des classes puissantes de négociants, de financiers, d'hommes de professions libérales et autres. Si l'on pouvait imaginer que les travailleurs non capitalistes cessassent de lutter pour devenir capitalistes et s'abandonnassent à des jouissances et des passions vulgaires, sans se soucier d'augmenter en nombre, et devenaient une classe permanente, on pourrait avec quelque justice les appeler *prolétaires*. Ce nom, adopté par quelques meneurs ouvriers, devrait être considéré comme une insulte. S'il existait un prolétariat semblable, il serait sans remède aux mains d'une ploutocratie de capitalistes, et une société ainsi constituée serait certainement pire qu'une société de nobles et de serfs, la pire qu'aient connue les temps modernes.

De quelque côté que nous examinions la question, nous voyons que le nombre des hommes et la qualité des hommes sont choses qui se tiennent l'une l'autre et que la question de savoir si nous aurons un plus grand nombre d'hommes ou des hommes de qualité supérieure est de la plus haute importance pour la classe qui ne possède ni terre ni capital.

## VI

**Que celui qui veut être bien soigné doit avoir soin de lui-même.**

La discussion sur les rapports du travail et du capital n'a pas, jusqu'à ce jour, été bien féconde. La confusion y a régné par suite de définitions ambiguës, et on a pris pour bases des droits et devoirs supposés, de classe à classe, qui sont fort contestables, tout au moins au double point de vue de la correction et de la justice. Si donc nous corrigeons et limitons les définitions et vérifions les droits et devoirs supposés, nous verrons s'il reste quelque chose à discuter sur les « rapports du travail et du capital, » et, s'il reste quelque chose, de quoi il s'agit.

Examinons d'abord les termes employés dans cette discussion :

1° Travail signifie proprement *fatigue*, effort désagréable, dépense de force productive.

2° Ce mot est employé aussi, par une figure de rhétorique, comme désignant collectivement un ensemble de *personnes* qui, n'ayant ni capitaux ni terres, viennent dans l'organisation industrielle offrir des services productifs en échange de moyens d'existence. Ces personnes sont unies, par la communauté d'intérêts, en un groupe ou classe, ou collectivité, lorsqu'on vient au règlement des intérêts respectifs. Ceux de ce groupe sont limités évidemment par ceux des autres groupes.

3° Le terme *travail* est employé dans

un troisième sens, plus restreint, très courant et mal défini, pour désigner une subdivision de groupes limités à ceux qui vivent en contribuant par des efforts productifs à l'œuvre de la société. Qui ne vit pas dans l'oisiveté est un travailleur. Les hommes publics ou les autres travailleurs, s'il en est, qui travaillent sans être payés, pourraient être exclus de cette classe, et nous devrions immédiatement passer, par leur exclusion, à une définition large et philosophique de la classe laborieuse. Mais les négociants, les banquiers, les gens des professions libérales, tous ceux dont le travail est, en grande partie, mental sont exclus de cette troisième acception du mot *travail*. Il en résulte que le même terme est employé dans un sens vague et populaire étroitement technique pour désigner un groupe de travailleurs qui séparent leurs intérêts de ceux des autres travailleurs. Les cultivateurs sont-ils désignés par le mot *travail* pris dans ce troisième sens? Je ne saurais le dire. Il semble qu'ils soient ou ne soient pas désignés par ce mot, selon l'intérêt de ceux qui disputent.

1. Est capital tout produit du travail affecté à la production.

2. Ce mot est encore employé pour désigner collectivement, par une figure de rhétorique, les *personnes* qui possèdent un capital et qui viennent dans l'organisation industrielle gagner leur vie au moyen du profit qu'ils retirent du capital employé. Pour y arriver, ils doivent échanger ce capital contre des services productifs. Ces personnes constituent un groupe ou une classe, quoiqu'elles ne soient unies, comme les travailleurs, par aucune communauté d'intérêts, et, dans le règlement des intérêts respectifs, ceux

du groupe capitaliste sont limités par ceux des autres groupes.

3. On emploie encore le mot *capital* dans un sens vague et vulgaire difficile à définir. En général, on l'emploie ainsi lorsqu'on veut désigner ceux qui emploient le travail. Mais il semble qu'on restreigne ce sens à ceux qui emploient le travail en grand. Il ne semble pas comprendre ceux qui emploient seulement des serviteurs domestiques. On exclut aussi ceux qui prêtent un capital sans employer directement ceux qui s'en servent.

Il est évident que si, dans la discussion, nous employons les mots *capital* et *travail*; si chacun de ces mots a trois sens; si l'un des trois sens de chacun d'eux est douteux et vague, nous avons tout préparé pour une discussion interminable et inutile, qui attirera les penseurs indisciplinés et repoussera toute autre personne.

La véritable opposition d'intérêts qui est au centre de toute la dispute est celle des entrepreneurs et des ouvriers. La première condition d'une étude utile de la question ou de recherches utiles pour voir s'il existe une question, c'est de mettre de côté le sens économique proprement dit et de considérer la matière sous son véritable jour sans employer le langage technique. Nous emploierons les termes *travail* et *capital* dans le sens indiqué plus haut, qui est le sens économique, et les mots *travailleurs* et *capitalistes* pour désigner les personnes comprises sous la seconde définition de chacun des deux termes.

On dit communément que les intérêts de l'entrepreneur et ceux de l'ouvrier sont identiques, qu'ils sont associés dans l'entreprise, etc. Cette façon de parler tient à une disposition qu'on rencontre souvent à trouver dans les phénomènes sociologiques des observations consolantes et encourageantes; à réfuter, autant qu'on le peut, les observations désagréables. Si nous essayons de chercher la vérité, nous ferons ce que nous devons et prendrons, en fin de compte, le parti le meilleur pour nous-mêmes. Les intérêts de ceux qui achètent et de ceux qui vendent le travail sont opposés à certains égards et identiques à d'autres, comme il arrive dans tous les cas réglés par l'offre et la demande. Si Jean donne à Jacques du drap en échange d'une quantité de blé, l'intérêt de Jean est que les draps soient bons et recherchés, mais non en grande quantité; l'intérêt de Jacques est que le blé soit bon et recherché, mais non abondant, et que les draps soient en grande quantité. Tous les hommes ont pour intérêt commun que toutes les marchandises soient bonnes et toutes abondantes, à l'exception de celle que chacun d'eux produit. Le capitaliste est intéressé à ce que les capitaux soient utiles et rares et à ce que l'énergie productive soit utile et abondante. Lorsqu'un homme est le seul qui puisse rendre un service et le rendre bien, l'idéal du travailleur est atteint. Dire que ceux qui achètent et ceux qui vendent le travail sont associés dans l'entreprise, c'est employer une figure de rhétorique trompeuse. Cette assertion ne repose sur aucun phénomène de l'ordre industriel.

Les entrepreneurs et les ouvriers font des contrats aux conditions les plus favorables qu'ils puissent obtenir, comme les vendeurs et les acheteurs, les propriétaires et les fermiers, les emprunteurs et les prêteurs. Leurs rapports sont, par conséquent, dominés par la loi universelle de l'offre et de la demande. L'entrepreneur a la direction de l'affaire et prend les risques à sa charge; car le capital doit être consommé dans l'œuvre industrielle et se trouve reproduit ou perdu, suivant la prévoyance ou le bon jugement apportés par l'entrepreneur dans l'emploi du capital et du travail. Dans le système du salariat, l'entrepreneur et l'employé contractent pour un temps; l'employé remplit son engagement s'il obéit aux ordres qu'il reçoit pendant ce temps, et traite le capital comme il lui est ordonné; dès lors il est dégagé de toute responsabilité, de tout risque, de toute spéculation. Il est certain que cet arrangement est meilleur pour lui dans l'ensemble et dans le plus grand nombre des cas. Ceux qui reçoivent des appointements et ceux qui reçoivent un salaire sont exactement dans la même situation, avec cette différence que les premiers sont, d'après la coutume et l'usage, ceux qui ont une habileté et une instruction spéciales, qui sont presque toujours le résultat d'un placement de capital, ce qui fait qu'ils ont moins de concurrents. Les médecins, les légistes et autres personnes payées par des honoraires sont des travailleurs aux pièces. Tous prennent sur le capital existant leur subsistance et l'installation de leurs outils.

L'association est le moyen le plus humble et le plus simple pour obtenir l'accord et la concorde entre les hommes. C'est maintenant le moyen qui convient le mieux à la condition et aux chances des employés. Les entrepreneurs se servirent autrefois des guildes pour obtenir une action commune dans un commun intérêt. Ils ont abandonné cette forme d'union pour en adopter de plus avantageuses.

Les correspondances, les voyages, les journaux, les circulaires et les télégrammes fournissent aux entrepreneurs et aux capitalistes les informations dont ils ont besoin pour la défense de leurs intérêts. Leur entente est automatique et instinctive, sans formalités ni règles précises, et elle n'en est que plus forte, parce que des hommes intelligents qui suivent les mêmes maximes de conduite et ont des informations identiques agissent uniformément, tout en conservant la liberté et l'élasticité de l'indépendance personnelle.

Aujourd'hui, les employés n'ont pas le loisir nécessaire pour se servir des moyens supérieurs de communication. Il faut, d'ailleurs, un capital pour établir les liens d'une action commune dans les formes supérieures. En outre, l'employé se trouve dans une situation désavantageuse, à cause de l'habitude que lui donne le système du salariat de ne pas prendre la responsabilité de ses propres affaires. Je veux dire que les ouvriers n'apprennent pas à veiller et à étudier le cours de l'industrie, et ne tirent pas de cette étude, comme les autres classes, des plans conçus à leur avantage. Il existe un champ spécial pour l'action combinée des salariés : les entrepreneurs sont ordinairement séparés par des sentiments de jalousie et d'amour-propre pour tout ce qui ne touche pas à leur intérêt le plus général comme classe. Les employés ont un intérêt plus étroit dans la sagesse les uns des autres. La concurrence que se font les capitalistes pour les profits tourne à l'avantage des salariés ; la concurrence que se font ceux-ci pour leur subsistance tourne à l'avantage des capitalistes. Il est absolument puéril de faire un plan ou un projet tendant à donner à l'une des deux classes un monopole contre l'autre. Si les entrepreneurs retirent leurs capitaux pour abaisser les salaires, ils perdent leurs profits; si les employés suspendent le travail afin d'élever les salaires, ils meurent de faim. Les capitaux et le travail sont les deux choses qui supportent le moins le monopole. Les entrepreneurs peuvent cependant, s'ils prévoient bien les mouvements de l'industrie et du commerce et font un usage habile du crédit, gagner en peu de temps des profits exceptionnels. Mais, ce qui fait les profits exceptionnels, c'est justement cette circonstance que les employés n'ont pas eu la même prévoyance et ont peiné en attendant l'action lente et oscillante du système industriel pendant une suite de périodes de production, tandis que l'entrepreneur a prévu et résumé dans son esprit plusieurs de ces périodes. Il n'y a pas d'affaire loyalement faite là où l'un des deux contractants ne défend pas bien son intérêt. Si l'un des contractants est bien renseigné et l'autre mal renseigné, le premier a un avantage assuré. La doctrine que la liberté des parties intéressées suffit à assurer le véritable arrangement des intérêts ne peut être comprise en ce sens qu'un intérêt négligé obtienne tout ce qui lui est dû.

Les employés n'ont pas de moyen d'information aussi bon et aussi légitime que l'association et il convient, il est nécessaire que leur action soit unie pour la défense de leurs intérêts. Ils ne sont pas, quant à un certain nombre de leurs intérêts, en position de se développer librement comme individus. Sans aucun doute les meilleurs perdent à cet état de choses et on doit considérer et espérer comme un grand gain le développement des individus. Cependant le marché du travail où le taux des salaires est déterminé, ne peut pas être équitablement réglé si les intérêts des travailleurs ne sont pas bien défendus et peut-être ne peuvent-ils être bien défendus sans l'intervention d'associations de travailleurs. Aucun journal ne publie encore la mercuriale de ce marché. Si les journaux parlent des hausses et des baisses qui s'y produisent dans tel district ou dans telle profession, les articles qu'ils publient à ce sujet sont toujours rédigés dans l'intérêt des entrepreneurs. Remanier la distribution des travailleurs dans les diverses localités et, autant qu'il est possible dans les diverses professions est un procédé légitime et utile pour élever les salaires. Ce qui n'est pas légitime, c'est d'entreprendre, comme les Unions de métier, d'élever les salaires en limitant le nombre des apprentis : c'est le grand abus qu'elles commettent et que nous discuterons dans le chapitre IX.

Il paraît que les ouvriers de métier anglais ont été forcés de lutter, pendant la première moitié du siècle, pour obtenir des salaires auxquels l'état du marché leur donnait droit, mais que les anciennes traditions et restrictions encores vivantes ne leur permettaient pas d'atteindre, sans un combat en règle. Ils se persuadèrent qu'une grève pourrait élever les salaires et ils ont grandi dans cette conviction après quelques succès obtenus par ce moyen, si bien que cette opinion est devenue traditionnelle, sans qu'on tînt aucun compte de l'état du marché. Il serait difficile de trouver en Angleterre ou aux États-Unis une seule grève depuis trente ou quarante ans qui ait rapporté ce qu'elle avait coûté. Une grève dépense des capitaux et empêche la production. Il faut, par conséquent, après elle, abaisser les salaires plus qu'il n'eût été nécessaire, si elle n'avait pas eu lieu. Lorsque la grève réussit, on peut se demander si, dans une période de temps très rapprochée, les salaires ne se seraient pas élevés autant ou plus sans aucune grève.

Toutefois une grève est en définitive un moyen légitime. Elle ressemble à la guerre, parce qu'elle est une guerre. Tout ce qu'on peut dire, c'est que ceux qui y ont recours doivent comprendre qu'ils prennent une grande responsabilité et qu'ils ne peuvent être justifiés que par des circonstances particulières. Je ne peux croire qu'une grève soit jamais utile pour élever les salaires. Il y a d'autres motifs, que nous mentionnerons plus tard pour lesquels il peut convenir de se mettre en grève ; mais une grève au sujet des salaires est un cas dans lequel ceux qui entreprennent la lutte ne peuvent être justifiés que par le succès. Si les travailleurs obtiennent un avantage, cela prouve qu'il leur était dû. S'ils ne l'obtiennent pas, cela prouve qu'ils ont eu tort. Ils gagnent, si l'état du marché leur est favorable, et succombent, s'il leur est contraire. Il est dans la nature humaine que celui dont le revenu a augmenté soit heureux et satisfait, même lorsque, peut-être, s'il l'avait demandé à ce moment même, il eût obtenu davantage. Celui dont le revenu a diminué est mécontent et irrité et plus disposé peut-être à se mettre en grève, lorsque la grève ne peut aboutir. Les grèves ne sont pas un phénomène industriel si particulier qu'on le croit souvent. Les acheteurs se mettent en grève lorsqu'ils refusent d'acheter des marchandises dont le prix s'est élevé. Ou les prix persistent et alors on apprend à se passer de la marchandise d'une façon permanente ; ou les prix baissent et on achète de nouveau. Les locataires font grève lorsque le prix des loyers s'élève trop haut pour eux ; ils prennent des maisons plus petites ou des appartements jusqu'à ce que les choses se remettent en état. Les ouvriers peuvent se mettre en grève et émigrer, ou, aux États-Unis, aller à l'agriculture. Cette sorte de grève n'est que l'emploi régulier de moyens légitimes et réussit toujours. Il n'y a pas à discuter la grève avec violences contre les entrepreneurs ou contre des ouvriers dissidents.

Les Unions de métier sont donc légitimes, utiles, peut-être même nécessaires. Elles peuvent faire beaucoup pour élever les salaires par des moyens vraiment économiques ; elles servent à recueillir et donner des informations, à maintenir l'esprit de corps, à élever l'opinion de la classe. On en a beaucoup abusé dans le passé, et, dans ce pays, elles sont toujours exposées à servir aux meneurs politiques, circonstance qui tend plus que toute autre chose à les discréditer aux yeux des meilleurs ouvriers. Les notions économiques les plus en faveur dans les Unions de métier sont erronées, quoiqu'elles ne le soient pas davantage que celles qui règnent dans les comptoirs. L'homme qui croit pouvoir élever les salaires en faisant de mauvais ouvrage, en perdant le temps, en gaspillant les matières premières et en rendant le moins de services qu'il peut, dans un temps donné, ne diffère guère de celui qui dit que les salaires peuvent être élevés en mettant des droits protecteurs à l'entrée de tous les articles d'habillement, d'ameublement, de poterie, de literie, sur les livres, sur le combustible, sur les ustensiles de ménage et sur les outils. Le premier abaisse les services payés par le capital, le second diminue le capital donné en échange des services. L'esprit des ouvriers des Unions de métier est accaparement dans les hautes classes. Il y en a beaucoup aussi dans les professions libérales. J'ai entendu un jour un groupe de légistes en renom rire d'un exécuteur testamentaire qui espérait obtenir la possession d'un héritage important, en prouvant seulement la validité du testament, sans laisser aucun légiste en retirer de gros honoraires. Ils aprouvaient tous les mesures prises pour amener un procès qui forçait l'exécuteur à employer deux ou trois légistes. Aucun de ceux qui parlaient n'étaient de ceux-là.

Les Unions de métier ont besoin de se développer, de se corriger, de se perfectionner par leurs membres eux-mêmes.

Si ceux-ci ne sentent pas la nécessité de ces institutions, le patronage d'autres personnes qui viendraient les leur donner ferait du mal et non du bien. Les Unions de métier devraient être perfectionnées de façon à entreprendre une série de fonctions pour lesquelles nous employons l'inspection du gouvernement, qui ne satisfait jamais nos besoins. La sûreté des ouvriers contre les machines, la ventilation et les arrangements de salubrité nécessaires dans les fabriques, les précautions à prendre pour employer certains procédés, les heures de travail des femmes et des enfants, les soins d'école pour ceux-ci, les limites d'âge pour leur emploi, le travail du dimanche, les heures de travail, tout cela et d'autres difficultés du même genre devraient être réglés par les ouvriers eux-mêmes dans leurs corporations. Les ouvriers dont nous parlons sont des citoyens libres d'un état libre : S'ils ont besoin de protection, ils doivent se protéger eux-mêmes; c'est à eux de protéger leurs femmes et leurs enfants. L'opinion de leur classe devrait assurer l'éducation des enfants de leur classe. Si un ouvrier isolé n'ose pas protester contre un tort fait aux ouvriers, les agents d'une Union de métier pourraient le faire utilement pour le compte d'une union d'ouvriers. Il y a là des besoins importants, et, au lieu de chercher des moyens convenables et suffisants pour les satisfaire, nous avons des démagogues qui déclament, des agents d'Union de métier qui résolvent et des inspecteurs du gouvernement qui émargent pendant qu'on fait peu de chose ou rien.

J'ai dit que les Unions de métier étaient légitimes, utiles et peut-être nécessaires; mais ces Unions sont, dans ce pays, une institution importée de l'étranger, et la plupart de leurs règlements et formes de procéder s'étant développés en Angleterre pour répondre à des situations créées en Angleterre, sont déplacés ici. L'institution elle-même ne réussit pas ici comme si elle se trouvait dans un milieu favorable ; il lui faut, pour se soutenir, des efforts, des soins particuliers. Deux circonstances lui sont défavorables : en premier lieu, la grande mobilité de notre population. Une Union de métier a besoin, pour être forte, d'être composée d'hommes élevés ensemble, qui se connaissent et aient confiance les uns dans les autres, qui aient grandi sous les mêmes lois et se proposent de vivre ensemble dans la même situation et avec les mêmes intérêts. En Amérique, où les ouvriers se déplacent fréquemment et facilement, les Unions manquent d'harmonie et de stabilité. Les Unions ont décliné dans les temps difficiles : c'est un fait significatif. Ce n'est que dans les temps prospères que les ouvriers maintiennent les Unions comme une sorte de luxe social. Lorsque le temps de profiter de l'Union est arrivé, l'Union a cessé d'être. En second lieu, l'ouvrier américain a une telle indépendance personnelle et une position tellement forte et indépendante sur le marché du travail, qu'il n'a pas besoin de l'Union. Il est plus rapproché que tout autre ouvrier du point où la liberté personnelle est préférable à l'association. Aussi l'association est-elle un embarras pour lui plutôt qu'un secours, surtout s'il est bon ouvrier. N'était l'idée importée d'Angleterre et passée en article de foi, que les Unions de métier sont, d'une façon mystérieuse, favorables aux ouvriers, il est douteux que les ouvriers américains pussent croire les Unions bonnes à quelque chose, à moins qu'on en fît des organisations destinées à remplir les fonctions énumérées plus haut.

La mode du jour est de demander des bureaux, des commissions, des inspecteurs de gouvernement, pour redresser tous les torts. Aucune expérience n'affaiblit la foi du public dans ces moyens. Les libéraux anglais du milieu de ce siècle semblaient avoir compris pleinement le principe de la liberté et avoir une idée bien formée et arrêtée en faveur de la non-intervention du gouvernement. Mais, depuis qu'ils sont arrivés au pouvoir, ils ont adopté les vieux moyens et en ont grandement multiplié l'emploi pour les nombreuses réformes qu'ils ont eues à faire. Ils semblent penser que l'intervention du gouvernement est bonne lorsqu'ils sont le gouvernement. Dans notre pays, le parti qui gouverne est toujours pour l'intervention du gouvernement, et le parti qui ne gouverne pas pour la non-intervention. Le système d'intervention a manqué complètement le but indiqué pour le soutenir, et, tôt ou tard, ce système tombera sous le poids des dépenses qu'il coûte et sera balayé. Les deux idées, — l'une de régler les choses par une commission de contrôle, — l'autre de laisser les choses se régler d'elles-mêmes par la lutte des intérêts entre hommes libres, — sont deux idées diamétralement opposées. La première corrompt les institutions libérales, parce que les hommes qui apprennent à attendre pour prendre soin d'eux, les inspecteurs du gouvernement, perdent la véritable éducation de la liberté. Si nous nous sommes tous trompés, depuis trois cents ans, en cherchant à réaliser de plus en plus la liberté personnelle comme condition d'un bonheur largement répandu, il nous faut revenir au patriarchat, à l'autorité disciplinaire; mais, combiner ensemble la liberté et la dépendance, cela ne se peut.

J'ai lu, depuis dix ans, bien des diatribes contre les entrepreneurs et bien des déclamations sur les griefs des hommes qu'ils emploient. Je n'ai jamais vu défendre les entrepreneurs. Qui ose déclarer qu'il n'est pas l'ami du pauvre? Qui ose se dire l'ami de l'entrepreneur? Je vais essayer de dire ce que je crois vrai. Il y a des entrepreneurs mauvais, rudes, malveillants; il y a des ouvriers mous et négligents; il y a dans les deux classes proportionnellement autant des uns que des autres. Les entrepreneurs des États-Unis, pris comme classe et après avoir relevé les exceptions convenables, n'ont aucun avantage sur leurs ouvriers et ne pourraient les opprimer lors même qu'ils le voudraient. L'avantage, lorsque l'on considère d'ensemble les temps de prospérité et de souffrance, est du côté des ouvriers. Les entrepreneurs désirent le bien-être des ouvriers sous tous les rapports et désirent faire droit aux griefs qui leur seraient signalés. Ils tiennent compte de la situation et des intérêts des ouvriers ; ils y songent lorsqu'ils sont réduits à examiner s'il leur faut fermer l'atelier ou réduire les heures de travail. Ils vont de l'avant et prennent sur eux le risque et l'embarras de travailler pendant les temps difficiles plutôt que de fermer leurs fabriques. Toute la classe de ceux qui possèdent a une vive sympathie pour toutes les formes de détresse et même de souffrance. Ils sont même trop prompts, et leur sympathie a besoin d'être réglée plutôt que d'être stimulée. Ils sont plus disposés à donner un capital avec légèreté qu'à le garder sordidement, lorsqu'on leur montre les victimes d'un malheur. Ils se réjouissent de voir quelqu'un améliorer sa position et sont disposés à le renseigner, à le conseiller, s'il le désire, et tout individu qui a besoin d'aide et mérite de l'obtenir, parce qu'il tâche de s'aider lui-même, est assuré de rencontrer de la sympathie, des encouragements et de l'assistance de la part de ceux qui sont dans une situation meilleure. Lorsque ceux qui sont plus riches que lui se trouvent avec lui dans les rapports d'entrepreneur à ouvrier, ils reconnaissent que ce rapport donne à l'ouvrier des titres particuliers à leur bienveillance.

## VII

**Où l'on parle de quelques vieux ennemis qui ont pris de nouvelles figures.**

L'histoire du genre humain nous montre une longue suite de tentatives faites par certaines personnes ou certaines classes pour s'emparer des pouvoirs publics, afin de se procurer des agréments temporels aux dépens d'autrui. Les gens supposent toujours que les attributions de gouvernement sont chose de métaphysique et de sentiment. Au fond, il y a deux choses surtout qui le regardent : la conservation de la propriété des hommes et de l'honneur des femmes; il doit les défendre contre les crimes. Le capital qui, comme nous l'avons vu, est la condition de tout bien-être sur la terre, qui fortifie l'existence et lui permet de grandir, est l'objet de la cupidité. Il y a des gens disposés à l'acquérir sans le payer au prix du travail et de l'épargne. Autrefois, ils employaient la force, organisaient des bandes de voleurs, pillaient laboureurs et marchands. Mais ils comprirent plus tard que les meilleurs moyens de voler consistaient à s'emparer de l'organisation civile, de l'État, de se servir des idées poétiques et économiques attachées à ce mot comme comme d'un voile à l'abri duquel le vol devenait légal. Ils exposaient de belles théories sur la nationalité, le patriotisme, la fidélité au gouvernement; ils prenaient le rang, la gloire, la puissance et le prestige d'une grande organisation civile et en prenaient aussi tous les droits, rejetant sur les autres les charges et les devoirs. A une époque, sans doute, la féodalité servit à réunir les fragments dispersés d'une société dissoute; mais lorsque les légistes eurent appliqué aux rois modernes les droits attribués au souverain par le droit romain et que les seigneurs féodaux devinrent une aristocratie de nobles courtisans, la noblesse féodale ne servit plus à rien.

Le grand phénomène des temps modernes est l'avènement d'une classe moyenne dans les villes du moyen âge, l'accumulation des richesses et l'empiétement de la richesse comme puissance sociale sur le terrain qu'occupaient auparavant les hautes fonctions et la naissance. La classe moyenne a été obligée de combattre pour ses droits contre la classe féodale et a, pendant trois ou quatre siècles, inventé et établi par degrés des institutions pour garantir les droits des personnes et des propriétés contre l'arbitraire des rois et des nobles.

A son tour, la richesse est devenue une puissance dans l'État et, comme toutes les autres puissances, elle abuserait si elle n'était contenue par des contrôles et des garanties. Il y a une insolence de la richesse comme il y a une insolence de rang; une ploutocratie pourrait être pire qu'une aristocratie. Les aristocrates ont toujours eu leurs vertus de classe à côté de leurs vices de classe; ils ont toujours été, pris comme classe; licencieux et joueurs; mais ils ont, comme classe, méprisé le mensonge et l'escroquerie; ils ont toujours prétendu être honorables, quoique leur définition et leurs maximes d'honneur aient changé plusieurs fois et subi des altérations choquantes. La classe moyenne a toujours abhorré la licence et le jeu, mais elle n'a pas été sévère sur la vérité et sur la fidélité pécuniaire. Il est hors de doute qu'il y a un Code et un type d'honneur mercantile aussi pur et aussi élevé que n'importe quelle règle d'honneur militaire, mais il n'a pas encore été établi et défini par un long usage et par l'appui d'un corps social, considérable et influent. Le Code féodal a, pendant des siècles, fourni des hommes d'un type élevé et constitué une caste. Le code mercantile n'en a pas encore fait autant, mais la classe riche a essayé d'entrer dans la classe féodale ou de l'imiter.

Il en est résulté que la puissance de la richesse s'est développée et que les sanctions morales et sociales qui auraient dû contrôler cette puissance ne sont pas encore en vigueur. Une ploutocratie serait une organisation civile dans laquelle la puissance appartiendrait à la richesse, où l'individu aurait tout ce qu'il pourrait acheter, dans laquelle on foulerait aux pieds les droits, les intérêts, les sentiments de ceux qui ne pourraient pas payer.

Il est évident que tous les gouvernements civilisés tendent à la ploutocratie. Le pouvoir de l'argent dans la Chambre des communes d'Angleterre a constamment augmenté depuis cinquante ans: l'histoire de la République française actuelle nous a montré un développement extraordinaire d'idées et de mesures ploutocratiques. Aux États-Unis, maintes doctrines ploutocratiques ont un cours qu'elles n'obtiennent pas partout ailleurs; ainsi le droit d'acquérir tout ce qu'on peut payer y est plus généralement reconnu qu'ailleurs. Les plus heureuses limitations de la ploutocratie sont venues de l'aristocratie, car le prestige du sang est très grand, là où il existe. Les sanctions sociales de l'aristocratie ont une grande puissance sur les ploutocrates et plus spécialement sur leurs femmes et leurs filles. Il en résulte déjà qu'il s'élève une classe de riches auxquels ne sauraient s'appliquer les vieux sarcasmes des romans et du théâtre contre les parvenus. Ce sont des hommes qui n'ont point de supérieurs, à quelque point de vue qu'on veuille les considérer. Ce mélange de forces sociales diverses fournirait une grande et heureuse solution d'un nouveau problème social si les forces aristocratiques pouvaient suffire à la grandeur de la tâche. Si l'aristocratie féodale, ou ses représentants modernes, qui n'ont rien de féodal en réalité, voulaient apporter dans l'ère nouvelle et transmettre aux nouveaux maîtres de la société la grâce, l'élégance, la bonne éducation, la culture du passé, la société gagnerait certainement plus qu'à une rupture violente entre le présent et le passé, semblable à la Révolution française. Les radicaux dogmatiques qui attaquent au nom des « principes » les idées et les distinctions sociales traditionnelles ne servent pas la civilisation. La société peut se passer de patriciens; elle ne peut se passer des vertus patriciennes.

Aux États-Unis, l'adversaire de la ploutocratie est la démocratie. Nulle part dans le monde la puissance politique de l'argent n'a été discutée et contestée comme ici : nulle part aussi la question ne se pose comme ici. J'ai donné quelques raisons de cela dans les chapitres précédents : nulle part dans le monde le danger de la ploutocratie n'est aussi formidable que chez nous. A cela nous opposons la puissance du nombre, qui est celle de la démocratie, laquelle est nouvelle et à l'état d'expérience, trop nouvelle pour avoir pris encore la forme qui lui convient. Elle n'a pas, comme l'aristocratie, le prestige que donne le temps, ni quoi que ce soit de nature à frapper l'imagination. D'ailleurs la démocratie a des racines profondes dans la condition physique, économique et sociale des États-Unis : ce pays ne peut, pendant une période de temps indéterminée, être autre chose qu'une démocratie et sa forme politique sera républicaine. L'affection que le peuple porte à la démocratie le rend aveugle et incapable de critique à son égard ; il est aussi attaché et plus attaché peut-être aux sophismes politiques auxquels se prête la démocratie qu'aux doctrines saines et correctes. La démocratie peut-elle se développer et en même temps dompter la ploutocratie?

Déjà la question se présente à la démocratie comme une question de vie ou de mort : les scandales législatifs et judiciaires dont nous sommes témoins nous montrent que la lutte est commencée et qu'elle est sérieuse. Les achats de votes sont l'arme de la ploutocratie et les juges élus conviennent si bien à ses intérêts que la résistance opposée à la corruption par l'institution judiciaire est une preuve frappante de sa solidité. Les réunions préparatoires, les conventions, les commissions se prêtent facilement aux desseins des spéculateurs et des agioteurs. C'est là justement le mécanisme qu'ils auraient inventé s'ils avaient essayé d'organiser à leur profit les institutions politiques et leurs façons d'agir mettent en question la possibilité d'un gouvernement libre sous la forme d'une république démocratique.

Maintenant je viens à la proposition que je me propose de soutenir en dépit de toutes les dénonciations et de toutes les plaintes élevées contre les grandes compagnies et les capitaux associés. Si les chartes des compagnies leur donnent des privilèges qu'elles ne devraient pas avoir, qui les a consentis? Nos législateurs. Qui a choisi ces législateurs? Nous-mêmes. Si nous sommes un peuple libre qui se gouverne lui-même, nous devons comprendre qu'il faut de la vigilance et de l'effort pour se gouverner soi-même. Il faut plus de vigilance et plus d'effort avec les institutions démocratiques, qui ne s'appuient ni sur la tradition ni sur le prestige, qu'avec les autres formes de gouvernement. Si nous sommes un peuple libre qui se gouverne lui-même, nous ne pouvons nous en prendre à personne autre que nous-mêmes de nos mésaventures. Personne, autre que nous, ne nous secourra. Il ne nous servira de rien d'entasser loi sur loi, ou d'essayer par des réformes constitutionnelles de nous enlever l'usage d'un pouvoir dont nous abusons toujours. Comment obtenir que de mauvais législateurs fassent une loi qui empêche de mauvais législateurs de faire de mauvaises lois? Or, c'est là ce que nous tenterions de faire, si nous adoptions certains remèdes qui nous sont proposés. La tâche qui se pose devant nous, cependant, exige le déploiement d'une réserve de forces morales et de vertus politiques dans les masses mêmes sur lesquelles repose la société. Certes ce n'est pas d'aujourd'hui que nous savons que les hommes sont avides et animés de convoitises, qu'ils sont égoïstes et tyrans quand ils l'osent. Les ploutocrates essaient simplement de faire ce qu'ont fait dans le passé les généraux, les nobles, les prêtres, de s'emparer de la puissance publique, de façon à pouvoir se faire des avantages aux dépens des autres. Il nous faut reconnaître que nous sommes en face des mêmes ennemis qu'autrefois, les vices et les passions de la nature humaine. Un des plus anciens et des plus déplorables sophismes qui aient cours chez nous nous fait croire que nous sommes mieux que les autres nations, que le gouvernement a chez nous une tâche moindre et plus facile qu'ailleurs. Cette opinion erronée nous a empêché de reconnaître nos vieux ennemis aussitôt que nous l'aurions dû. D'ailleurs, ces vices et passions ont grand soin de se couvrir des oripeaux que leur présentent les mots de passe et les phrases toutes faites de la démocratie, de telle sorte qu'ils rencontrent, lorsqu'ils paraissent, de la sympathie plutôt que de l'opposition. Notre système de nommer pour représentants des hommes qui, par système, sacrifient les intérêts publics à l'intérêt privé, puis de vouloir réparer le mal en déclamant dans la presse et dans les réunions contre le capital et les compagnies, a complètement échoué.

Les nouveaux ennemis doivent être combattus, comme l'ont été les anciens, par des institutions et des garanties. Le problème de la liberté civile se renouvelle constamment; une fois résolu, il se présente bientôt sous une nouvelle forme. Les anciennes garanties constitutionnelles étaient dirigées contre le roi et les nobles : il en faut inventer de nouvelles, afin de contenir la puissance des richesses sous une responsabilité sans laquelle la liberté n'existe plus. Le pouvoir judiciaire a montré qu'il était à la hauteur de ses nouveaux devoirs. Les cours de justice ont prouvé, dans les diverses causes qui leur ont été soumises qu'il y avait des remèdes et qu'elles étaient capables de les appliquer dès qu'on pouvait leur déférer le mal dans la forme d'une action judiciaire. Notre grand besoin est une entente plus grande et une coopération plus active entre ceux qui souffrent un dommage. Cette coopération est constamment nécessaire dans un pays de gouvernement libre ; et lorsque, dans une communauté quelconque, les hommes perdent la faculté de coopérer ensemble pour développer ou défendre leurs intérêts, ils méritent de souffrir, sans autre remède que des dénonciations dans les journaux et des déclamations électorales. Dans cette situation les charlatans politiques se présentent et proposent des mesures excessives dont ils font parade pour produire de l'effet. Ces mesures seraient contraires à toutes nos institutions, détruiraient les capitaux, renverseraient le crédit, compromettraient les intérêts les plus essentiels de la société. Du côté du mécanisme politique il n'y a aucun motif d'espérance, il n'y a que des motifs de crainte : du côté des garanties constitutionnelles et de l'action indépendante d'hommes libres qui se gouvernent, il y a tout lieu d'espérer.

## VIII

**De la valeur, comme principe sociologique, de la maxime : que chacun s'occupe de son affaire.**

La passion pour la discussion des questions sociales est un des caractères de notre temps. Chacun acquiert quelque expérience des affaires sociales et fait quelques observations sur ce sujet. A l'exception des questions de santé, il n'en est probablement aucunes qui présentent un intérêt aussi général que celles qui ont la société pour objet et, toujours en exceptant les questions de santé, il n'en est point dans la discussion desquelles on rencontre plus de dogmatisme et des spéculations plus grossières que dans celles qui touchent à l'organisation sociale. Les amateurs en science sociale demandent constamment : « Que ferons-nous ? Que ferons-nous du voisin A ? Que ferons-nous pour le voisin B ? Que ferons-nous faire au voisin A pour le voisin B ? » C'est une belle chose de discuter de larges et grandes théories générales d'une application étendue. Les amateurs font toujours des plans pour employer l'individu dans quelque construction sociale féconde en conséquences ou pour employer la société à quelque construction individuelle. Que A s'asseye et pense : « Que ferai-je ? » C'est chose vulgaire; mais penser ce que B doit faire ! voilà qui est intéressant, moral, flatteur pour l'amour-propre et patriotique en même temps : voilà qui satisfait à la fois un grand nombre de faiblesses humaines. Aller de l'avant, imaginer un plan qui décide ce que doit faire une classe entière de la population, c'est montrer qu'on se sent une puissance sur la terre, qu'on assume une position publique, qu'on se revêt de dignité. Voilà pourquoi nous avons une offre illimitée de réformateurs, de philanthropes, d'humanitaires et d'aspirants à la direction générale de la société.

Tout homme, toute femme en société a un grand devoir : c'est de prendre soin de soi. C'est là le devoir social, car, heureusement, les choses se trouvent arrangées de telle sorte que le devoir de se tirer d'affaire le mieux qu'on peut, individuellement, ne diffère pas du devoir de remplir sa fonction dans la société; les deux devoirs n'en font qu'un, et le second se trouve rempli en même temps que le premier. Cependant l'idée vulgaire semble être qu'on a envers la société un devoir séparé et distinct et que ce devoir consiste à considérer et à décider ce que les autres doivent faire. Eh bien ! l'homme qui est capable de faire quelque chose pour d'autres que lui est capable de devenir chef de famille et, en devenant chef de famille, il assume, en outre de son premier devoir, des obligations envers sa femme et ses enfants. Celui qui remplit toutes ses obligations personnelles et de famille est dans une position bien exceptionnelle s'il n'a, dans son voisinage immédiat, des gens qui ont besoin de lui et ont un titre presque personnel à sa bienveillance. Maintenant s'il peut remplir tous ces devoirs et avoir soin non seulement de sa famille et de ceux qui dépendent de lui, mais d'autres encore, il faut qu'il ait un excédent d'énergie, de sagesse, de vertu morale au delà de ce qui lui est nécessaire dans ses affaires. Personne n'a cet excédent; car une famille est une charge susceptible d'un développement indéfini et personne ne peut suffire à tous les devoirs que la famille peut lui imposer, et personne ne peut donner un emploi de ses services, quels qu'ils soient, plus avantageux à la société que le soin de sa famille. Mais je n'insisterai pas sur ce point. Je reviens à cette observation que l'homme qui se propose d'avoir soin des autres doit avoir pris soin d'une manière ou d'une autre de lui-même et de sa famille et garder encore une réserve d'énergie sans emploi.

Le danger de se mêler des affaires des autres est double : en premier lieu, on peut négliger ses affaires; en second lieu, les autres peuvent trouver notre intervention impertinente. Les « amis de l'humanité » encourent presque toujours ces deux dangers. Je fais partie de l'humanité et n'ai pas besoin de gens qui viennent s'offrir à être mes amis. L'amitié est chose de réciprocité, dans laquelle j'aime à dire mon mot et je suppose que les autres parties de l'humanité pensent à peu près comme moi. S'il en est ainsi, elles doivent regarder comme un impertinent quiconque prend le rôle d'ami de l'humanité et le renvoyer à ses affaires.

Cependant nous sommes constamment ennuyés et les législateurs sont constamment occupés par des gens qui se sont mis dans l'esprit qu'il est sage et de bonne conduite de vivre d'une certaine façon et qui veulent contraindre tout le monde à vivre à leur idée. Les uns ont décidé qu'ils emploieraient le dimanche d'une certaine manière et veulent des lois qui forcent tout le monde à passer le dimanche comme eux. D'autres ne veulent pas prendre d'alcool et sollicitent des lois pour obliger tout le monde à ne pas boire d'alcool. Quelques-uns veulent vivre sans luxe et qu'on établisse des impôts pour empêcher les autres de vivre avec luxe. C'est surtout le pouvoir d'imposer qui donne des démangeaisons aux mains des réformateurs. Quelquefois il y a bien quelque mélange d'intérêt privé dans les réformes proposées comme lorsqu'un éditeur propose de mettre un impôt sur les livres importés afin d'empêcher les Américains de lire des livres qui pourraient déranger leur américanisme, ou lorsque des artistes proposent de mettre un impôt sur les tableaux importés, pour empêcher les Américains d'importer de mauvais tableaux.

Je ne parle point ici des conseils qu'on prend ou donne d'homme à homme, dont il sera question dans le dernier chapitre. Le rapport sacré qui existe entre deux hommes dont l'un retire l'autre du vice, n'a rien de commun avec l'œuvre du touche-à-tout socialiste, du philanthrope de profession et du législateur empirique.

Les amateurs docteurs en choses sociales ressemblent aux amateurs médecins : ils commencent toujours par la question des *remèdes* et ils y vont bravement sans aucun diagnostic, sans aucune connaissance de l'anatomie ou de la physiologie de la société. Ils n'ont jamais aucun doute sur l'efficacité de leurs remèdes et ne tiennent aucun compte des effets ultérieurs que ces remèdes peuvent avoir. Ils ne s'inquiètent pas le moins du monde de savoir si leurs remèdes impliquent une refonte complète de la société ou même une reconstitution de la nature humaine. A toute cette *quackerie* sociale, il n'y a qu'une réponse à faire, c'est de renvoyer les quackers à leurs affaires.

Les docteurs sociaux jouissent de la satisfaction de se sentir plus moraux ou plus éclairés que les autres hommes, puisqu'ils savent voir ce que les autres doivent faire, tandis que ceux-ci ne le voient pas. Mais lorsqu'on examine leurs œuvres on les trouve seulement plus ignorants et plus présomptueux que les autres. Nous avons à combattre bien des difficultés sociales et naturelles : la pauvreté, la souffrance, la maladie, la malechance entourent notre existence et nous les combattons toutes en même temps. L'individu est le centre d'espérances, d'affections, de désirs, et de souffrances ; lorsqu'il meurt, sa vie change de forme, mais ne cesse point. Cela signifie que l'individu, ce centre d'espérances, d'affections, etc., est sûr, après avoir combattu aussi longtemps qu'il le peut, de succomber à la fin. Nous voudrions donc, n'étaient les docteurs sociaux, combattre au mieux de nos moyens, dans les limites de la condition humaine et supporter ce que nous ne pourrions guérir. Mais nous avons hérité d'un grand nombre de maladies sociales qui ne sont jamais venues de la nature. Ce sont les produits compliqués du raccommodage, du barbottage et des maladresses des docteurs sociaux des temps passés. Ces produits de *quackerie* sociale sont maintenant renforcés par l'habitude, la mode, les préjugés, les idées toutes faites et la nouvelle affectation introduite dans les discussions économiques et sociales. C'est un fait digne d'observation qu'au moment même où la foi dans le mécanisme législatif semble revivre, nos États, pour la plupart, cherchent à remédier aux inconvénients bien connus de l'excès des lois en décidant que la législature ne siégera que de deux années l'une. Dans les temps difficiles, lorsque le Congrès avait vraiment la chance de servir l'intérêt public ou de lui nuire, la fin des sessions était saluée tous les ans par un cri de soulagement qui attestait l'anxiété qu'on avait éprouvée. Les plus grandes réformes que l'on pût réaliser aujourd'hui consisteraient à défaire l'œuvre des hommes d'État du passé et la difficulté de la présente réforme consiste à trouver le moyen de défaire cette œuvre sans blesser ce qui, dans l'ordre social, est naturel et sain. Tout le mal a été fait par des hommes qui s'étaient mis à étudier le problème dans les termes où je l'ai entendu poser par un de leurs apprentis : « quelle sorte de société devons-nous faire ? » Lorsqu'ils avaient posé cette question *a priori* à leur satisfaction, ils s'étaient mis à construire leur société idéale et nous souffrons aujourd'hui des conséquences de leur œuvre. La société humaine travaille avec peine à s'adapter aux conditions, quelles qu'elles soient, dans lesquelles elle se trouve, et nous avons été retournés et étirés tant et tant que nous nous y sommes habitués, comme le pied s'adapte à une botte mal faite. Ensuite nous avons pensé que les choses devaient être ainsi ; et il est certain qu'un changement dans le sens d'une condition bonne et normale nous blesserait, comme un homme dont le pied aurait été déformé souffrirait à porter une botte bien faite; enfin nous avons enfanté tout un lot d'économistes et de philosophes sociaux qui ont inventé des sophismes pour approprier notre façon de penser aux faits de déformation.

La société n'a besoin ni de soins ni d'inspection. Si nous pouvons acquérir une science sociale fondée sur l'observation des phénomènes et l'étude des forces, nous pouvons espérer de gagner lentement quelque terrain dans le sens de l'élimination des vieilles erreurs et le rétablissement d'un bon et naturel ordre social. Tout ce que nous gagnerons en ce sens sortira comme un germe qui se développe et non comme une reconstruction faite sur le plan de quelque architecte enthousiaste. Ces architectes sociaux ne font que répéter les vieilles erreurs et ajourner toutes nos chances de véritable perfectionnement. Le premier besoin de la société est d'être délivrée de ces importuns, c'est-à-dire de rester tranquille. Nous voilà donc encore une fois revenus à la vieille doctrine du *laissez-faire*. Traduisons-là en simple anglais et disons : « Soyez à votre affaire. » Ce n'est autre chose que la doctrine de la liberté : que chacun soit heureux à sa manière : si la sphère de son action et de ses intérêts s'étend dans la sphère de l'action et des intérêts d'un autre, il y aura des compromis et des arrangements. Attendez l'occasion : n'essayez pas de généraliser ces arrangements ou de les imaginer *a priori*. Nous avons un ensemble de lois et d'institutions qui se sont formées au fur et à mesure que l'occasion de déterminer les droits divers s'est présentée ; continuons à appliquer ce procédé. Portez la plus grande réserve, même dans les interventions de cette espèce et, quelle que soit l'occasion qui se présente, n'intervenez jamais dans les arrangements naturels. Voyez d'abord et avec patience s'il ne sortira pas un arrangement naturel du jeu des intérêts et des concessions volontaires des parties.

J'ai dit que nous avions une économie politique empirique et une science sociale adaptées aux déformations de notre société. Le signe de l'empirisme en cette matière est l'attitude qu'on prend envers le « laissez-faire ». Sans doute, la vanité d'un philosophe tout prêt à donner une nouvelle solution de l'univers est blessée lorsqu'on lui dit d'aller à ses affaires. Aussi nous dit-il que si nous croyons atteindre le bonheur parfait sur la terre, pourvu qu'on nous laisse tranquilles, nous nous trompons. Les hommes des demi-moyens, les socialistes de la chaire, se joignent à lui; ils branlent la tête d'un air solennel et nous déclarent qu'il a raison, que si on nous laisse tranquilles, nous n'arriverons jamais au bonheur parfait. Derrière tout cela se trouve un sophisme commun, qu'on n'exprime jamais, mais qui est au fond de tout ce discours, savoir : que nous obtiendrons le bonheur parfait si nous nous mettons aux mains du réformateur du monde. Nous n'avons jamais supposé que le *laissez-faire* nous donnerait le bonheur parfait; ce bonheur est hors de notre compte. Si les docteurs sociaux veulent bien aller à leurs affaires, nous n'aurons d'autres embarras que ceux qui nous viendront de la nature. Nous les supporterons ou les combattrons comme nous pourrons. Ce que nous désirons, c'est que les amis de l'humanité cessent de les augmenter. Nos dispositions pour les maux que notre semblable nous inflige par sa manie d'intervenir ou par sa malice, sont tout différentes de celles que nous éprouvons pour les maux inhérents à la condition humaine.

L'injonction qui renvoie chacun à ses affaires est négative et improductive, mais, à prendre les choses sociales au point où elles sont, c'est un principe sociologique de la plus haute importance. On pourrait développer toute une grande philosophie sur cette base : « Chacun à son affaire. »

## IX

### Du cas de certain personnage auquel on ne pense jamais.

Le type et la formule de la plupart des plans proposés par les philanthropes et les humanitaires reviennent à ceci : « A et B se sont consultés pour décider ce qu'on fera faire à C en faveur de D. » Le vice radical de tous ces plans au point de vue sociologique, est que C n'a pas voix au chapitre, et qu'on ne tient compte en aucune façon ni de sa position, de son caractère et de ses intérêts, ni des effets ultérieurs que la modification des intérêts de C pourrait avoir sur la société. J'appellerai C l'Homme Oublié. Occupons-nous de lui et considérons un peu son cas, car ce qui caractérise tous les docteurs en choses sociales, c'est qu'ils fixent leur attention sur un individu ou sur un groupe dont la situation frappe l'imagination et excite la sympathie, puis présentent un plan pour remédier à cette situation particulière. Ils ne comprennent pas que toutes les parties de la société sont liées ensemble et que les forces mises en mouvement agissent et réagissent dans tout l'organisme jusqu'à ce qu'on arrive à l'équilibre par un nouvel arrangement des intérêts et des droits. Aussi ignorent-ils absolument la source de laquelle ils doivent tirer toute l'énergie qu'il faudra dépenser dans l'application de leurs plans et les effets de cette application sur tous les membres de la société autres que ceux qu'ils ont en vue. Ils sont toujours sous l'empire de la superstition du gouvernement et, oubliant qu'un gouvernement ne produit rien du tout, ils perdent de vue le premier fait dont il faut se souvenir dans toute discussion sociale : c'est que l'État ne peut donner un centime à un homme sans prendre ce centime à un autre, et que ce dernier est l'homme qui a produit et épargné le centime. Celui-ci, c'est l'Homme Oublié.

Les amis de l'humanité partent d'un sentiment de bienveillance pour le « pauvre », le « faible », le « travailleur », dont ils font un enfant gâté : ils généralisent les classes, les rendent impersonnelles et font de quelques-unes les enfants gâtés de la société. Ils se tournent ensuite vers les autres classes, font appel à leur sympathie, à leur générosité et aux autres sentiments nobles du cœur humain ; il s'agit de transférer un capital des mains de ceux qui le possédent aux mains de plus pauvres qu'eux. Mais le capital, nous l'avons vu, est la force qui maintient et développe la civilisation, et la même somme de capitaux ne peut être employée à la fois à deux usages. Toute partie de capital qui est donnée à un membre de la société insuffisant, incapable de se retourner, qui ne rend pas l'équivalent de ce capital, est donc détournée des emplois reproductifs, tandis que, si elle était employée reproductivement, elle serait donnée à titre de salaire, à un travailleur capable et producteur. Par conséquent, celui qui souffre réellement de cette sorte de bienveillance, qui consiste à dépenser le capital pour protéger le propre-à-rien, est le travailleur industrieux. Mais, dans les arrangements proposés, c'est celui auquel on ne songe jamais : on suppose qu'il est pourvu du nécessaire et hors de compte. Cette idée montre seulement combien les véritables notions d'économie politique sont encore peu répandues. C'est par un préjugé presque invincible qu'on répute généreux et bon l'homme qui donne un dollar à un mendiant, tandis que l'homme qui refuse le dollar et le met à la caisse d'épargne, est considéré comme avare et mesquin. Le premier met le capital là où il est certain que ce capital sera perdu et où il sera jeté comme la semence de bien d'autres dollars à dépenser de même, pour se défendre contre des prétentions plus pressantes que celles qu'aurait éteintes le refus du premier dollar. Comme le dollar converti en capital serait allé à un travailleur qui, en le gagnant, l'aurait reproduit, on peut le considérer comme pris à celui-ci. Lorsqu'un millionnaire donne un dollar à un mendiant, le gain de celui-ci est énorme et le sacrifice du millionnaire est insignifiant. En général, la discussion s'arrête-là. Mais si le millionnaire capitalise le dollar, le dollar va sur le marché du travail pour y demander des services productifs. Il y a donc une personne dont l'intérêt intervient : c'est celle qui fournit ces services. Il y a toujours deux parties en cause : la seconde est toujours l'Homme Oublié, et quiconque veut bien comprendre la question, doit chercher l'Homme Oublié. On le trouvera digne, industrieux, indépendant, vivant de ses revenus ; il n'est ni le « pauvre » ni le « faible » ; il s'occupe de son affaire et ne se plaint pas. Par conséquent, les philanthropes ne pensent jamais à lui et le foulent aux pieds.

Nous entendons parler d'un grand nombre de projets pour « améliorer la condition de l'ouvrier ». Aux États-Unis, plus nous descendons dans l'échelle du travail, plus l'avantage de l'ouvrier est grand en comparaison des classes plus élevées. Un gâcheur ou porteur de mortier peut, ici, au prix d'un jour de travail, commander plus de jours de travail d'un charpentier, d'un surveillant, d'un teneur de livres ou d'un docteur qu'un manœuvre européen ne pourrait en obtenir pour un jour de travail. La même chose est vraie à un degré moindre du charpentier comparé au teneur de livres, au surveillant, au docteur; c'est pour cela que les États-Unis sont la patrie des manœuvres. Toutes les conditions économiques y favorisent cette classe : il y a un grand continent à conquérir, un sol assez fertile pour produire avec quelque travail aidé d'un capital presque insignifiant : là, les hommes qui ont les bras forts ont ce qui est le plus demandé et, n'était la considération sociale, la culture supérieure ne rapporterait pas ce qu'elle coûte. En cet état, l'ouvrier n'a besoin d'aucune amélioration dans sa condition, si ce n'est d'être délivré des parasites qui vivent à ses dépens. Tous les plans dont le but est de patronner les classes laborieuses excitent la pitié : ils sont impertinénts et déplacés dans une libre démocratie. Il n'y a dans la réalité, ni état social, ni rapports de classe auxquels puissent convenir ces projets qui nuisent aux deux classes en flattant la vanité de l'une et en affaiblisssant dans l'autre le respect de soi-même.

En ce moment, il importe de remarquer que, pour élever quelqu'un, il faut un point d'appui ou de réaction. Dans la société, cela veut dire que pour élever l'un il faut abaisser l'autre. Les plans pour améliorer la condition des classes laborieuses troublent les conditions de la concurrence entre ouvriers. Les bénéficiaires, choisis par le favoritisme, seraient probablement ceux qui auraient pu se recommander aux amis de l'humanité par un langage et une conduite qui ne témoigneraient ni de leur indépendance ni de leur énergie. Ceux qui auraient à souffrir de l'abaissement seraient les hommes indépendants, habitués à compter sur eux-mêmes, qui seraient oubliés ou négligés. Nous voyons encore ici les amis de l'humanité qui, dans leur zèle pour aider quelqu'un, foulent aux pieds ceux qui s'efforcent de s'aider eux-mêmes.

Les Unions de métier adoptent divers moyens pour élever les salaires et ceux qui donnent leur temps à la philanthropie s'intéressent à ces moyens et désirent leur succès. Ils ne fixent leur attention que sur les ouvriers qui sont, au moment présent, dans le métier et ne considèrent aucuns autres ouvriers comme intéressés dans l'affaire. On suppose que la lutte est entre les ouvriers et ceux qui les emploient et l'on croit que dans cette lutte on peut accorder de la sympathie aux ouvriers, sans encourir aucune autre responsabilité. Cependant il est facile de voir que l'entrepreneur joint le risque de l'Union de métier et de la grève à ses autres risques et règle le tout avec philosophie. Si nous poussons plus loin notre examen, nous voyons que sa philosophie vient de ce qu'il a repassé la perte aux consommateurs. Il devient évident que la richesse publique a diminué et que le danger d'une guerre de métier, comme le danger d'une révolution est une réduction constante du bien-être de tous. Ainsi nous ne découvrons que des causes d'abaissement des salaires et aucune cause d'élévation. L'entrepreneur est ennuyé, mais cela n'augmente pas les salaires : le public perd, mais la perte qu'il éprouve va couvrir le risque nouveau et n'élève pas davantage les salaires.

L'Union de métier (en laissant à part les moyens légitimes et économiques signalés au chapitre VI), élève les salaires en réduisant le nombre des apprentis à introduire dans la profession. Ce moyen agit directement sur l'offre du travail et produit son effet sur les salaires. Mais si le nombre des apprentis est limité, c'est par l'exclusion de quelques-uns qui auraient voulu entrer comme apprentis. Ceux qui sont dans le métier ont donc créé un monopole et se sont constitués en classe privilégiée sur une base semblable à celle sur laquelle reposaient les vieilles aristocraties privilégiées. Ce que gagnent les gens du métier par cet arrangement est perdu, et au delà, par ceux qui sont exclus du métier. Ce n'est donc ni sur les entrepreneurs, ni sur le public que les Unions de métier exercent la pression au moyen de laquelle elles élèvent les salaires. C'est sur d'autres ouvriers qui voudraient entrer dans le métier, mais qui, ne le pouvant, sont rejetés dans la classe des manœuvres. Cependant on ne parle jamais de ces ouvriers dans les discussions relatives aux Unions de métier : ce sont des Hommes Oubliés. Cependant puisqu'ils veulent entrer dans le métier pour y gagner leur vie, il est juste de supposer qu'ils en sont capables et y réussiraient, à l'avantage commun d'eux-mêmes et de la société, c'est-à-dire que, de toutes les personnes intéressées dans l'affaire, ce sont celles qui méritent le plus notre sympathie et notre attention.

Dans les cas mentionnés ci-dessus, il n'y a pas de législation. Toutefois la société entretient une police, des sheriffs et diverses institutions destinées à protéger les gens contre eux-mêmes, c'est-à-dire contre les effets de leurs vices. Presque tous les efforts faits par le législateur pour prévenir le vice, ont en réalité protégé le vice, parce que toute loi faite dans ce but tend à sauver l'homme vicieux de la peine qui est la conséquence de ses actes. Les remèdes de la nature contre le vice sont terribles ; elle enlève la victime sans pitié. L'ivrogne tombé dans le ruisseau est à sa place, d'après la tendance naturelle des choses. La nature l'a destiné à la décadence et à la dissolution par lesquelles elle rejette ce qui a cessé d'être utile. L'habitude du jeu et d'autres vices qu'il est inutile de mentionner portent avec eux leurs peines.

Maintenant nous ne pouvons jamais supprimer ces peines : nous pouvons seulement les détourner de la tête de celui qui les a encourues sur la tête d'autres personnes, qui sont innocentes. Une énorme quantité de « réforme sociale » consiste justement dans cette opération. La conséquence est que les égarés étant soustraits à la sévère discipline de la nature, vont de mal en pis, de telle sorte que le fardeau imposé aux autres augmente constamment. Quels sont les autres? Lorsque nous voyons l'ivrogne dans le ruisseau, nous avons pitié de lui. Si l'agent de police le prend, nous disons que la société intervient pour l'empêcher de périr. C'est un joli mot que la *société* pour nous dispenser de la peine de penser. L'ouvrier industrieux et sobre que l'on prive d'un tant pour cent de son salaire pour payer l'agent de police est celui qui porte la peine. Mais c'est l'Homme Oublié. Il passe et personne n'y prend garde, parce qu'il se conduit bien, remplit ses engagements et ne demande rien.

L'erreur de toutes les lois prohibitives, somptuaires et moralisatrices est la même. A et B décident qu'ils s'abstiendront de spiritueux, ce qui est fort sage et quelquefois nécessaire. Dès que A et B sont mus par des considérations qui leur semblent bonnes, cela suffit. Mais A et B s'unissent pour faire une loi, qui force C à s'abstenir de spiritueux, à cause de D qui est en danger de trop boire. Il n'y a pas de pression sur A et B; ils ont ce qu'ils veulent et sont satisfaits. Il y a peu de pression sur D : la loi lui déplaît, il l'élude. La pression est tout entière sur C. Vous demandez qui est C? C'est l'homme qui a besoin de spiritueux pour une fin honnête quelconque, qui userait de sa liberté sans en abuser, qui ne causerait aucune agitation sociale et n'incommoderait personne.

C'est encore l'Homme Oublié et dès que nous le tirons de l'obscurité, nous voyons que c'est justement celui qui est tel que devrait être chacun de nous.

## X

**Suite de l'examen du cas de l'homme oublié.**

Il y a une belle idée répandue dans notre littérature et dans l'opinion, c'est que les hommes naissent avec certains « droits naturels. » S'il en était ainsi, il y aurait sur la terre quelque chose qui s'y trouverait pour rien et le monde ne serait pas ce qu'il est. En fait, il n'y a pas de droit quelconque dans l'héritage humain qui n'ait un devoir équivalent ou corrélatif, qui est en quelque sorte le prix de ce droit. Les droits, les avantages, les capitaux, les connaissances et autres biens que nous ont transmis par succession les générations précédentes ont été conquis par les travaux et les souffrances de ces générations; le fait que le genre humain vit tandis que les individus meurent et que l'espèce humaine peut accumuler avec le temps par l'hérédité ses victoires sur la nature est un des faits qui rendent la civilisation possible. Les travaux de l'espèce, prise comme un tout, produisent les biens que l'espèce possède : sur cette terre on n'a rien pour rien.

S'il y avait quelque chose comme des droits naturels, on se demanderait : contre qui sont-ils? Qui a l'obligation de satisfaire à ces droits? Il ne peut y avoir de droit contre la nature, si ce n'est celui de tirer d'elle tout ce qu'on peut; c'est une autre façon d'exprimer la lutte pour l'existence. L'opinion commune est que ces droits soient contre la société, c'est-à-dire que la société est tenue de les obtenir et d'en assurer la jouissance aux intéressés. Mais la société se compose des intéressés et de quelques autres et comme les intéressés ont, par hypothèse, manqué d'acquérir la jouissance de ces droits, nous arrivons à ceci : que les droits naturels sont ceux qui appartiennent, par privilège, à certaines personnes contre quelques autres. C'est ainsi que l'on comprend aujourd'hui dans la pratique les droits naturels, ce sont des droits que quelques hommes ont, par privilège, contre d'autres hommes.

Cette théorie va fort loin et, soit dit en passant, elle est assez large pour suffire à la fondation de toute une philosophie sociale. C'est dire, à la prendre dans son acception la plus large, que si un homme se trouve mal à l'aise dans ce monde, ce doit être par la faute de quelqu'un et que quelqu'un est tenu de mettre cet homme à son aise. Eh bien ! les gens les plus mal à l'aise (car si nous voulions dire toutes nos peines, on trouverait que ce monde n'est bien confortable pour personne) sont ceux qui ont négligé leurs devoirs et, par conséquent, manqué d'acquérir leurs droits. Les gens qu'on appellerait à servir ceux qui sont mal à l'aise seraient ceux qui ont fait leur devoir, au train du monde, passablement bien. Par conséquent, la doctrine que nous discutons revient en pratique tout simplement à un plan pour faire dominer l'injustice dans la société en renversant la distribution des châtiments et des récompenses entre ceux qui ont fait leur devoir et ceux qui ne l'ont pas fait.

Ceux qui se chargent de nous enseigner nous prêchent sans cesse comme si les hommes respectables étaient à blâmer de ce que d'autres sont peu respectables, — comme si celui qui, dans sa sphère d'action a fait son devoir était jusqu'à un certain point responsable de ce qu'un autre n'a pas fait son devoir. Il y a des relations entre entrepreneur et ouvrier qui devraient être réglées par des compromis et des traités : il y a des précautions sanitaires à prendre contre l'incendie, d'autres pour que les enfants ne soient pas mis au travail trop jeunes et pour qu'ils soient instruits : il faut veiller à ce que les banques, les compagnies d'assurance et de chemins de fer soient bien administrées et à ce que leurs administrateurs n'abusent pas. Dans chaque cas, les intéressés doivent défendre leurs intérêts, et souffrir s'ils négligent ce devoir. Le système qui consiste à remettre ce soin à des commissions et à des inspecteurs fait supporter la dépense, non aux intéressés, mais aux contribuables. Quelques-uns de ceux-ci sans doute sont les intéressés et ils peuvent croire qu'ils remplissent leur devoir en payant l'inspecteur. S'il en est ainsi, ils n'ont que ce qu'ils méritent lorsque l'inspecteur de chemin de fer découvre qu'un pont n'était pas solide après qu'il est tombé à l'eau, ou lorsque le censeur de la banque découvre pourquoi elle a fait faillite après que le Conseil a tout emporté. La véritable victime, c'est encore l'Homme Oublié, l'homme qui a surveillé ses placements, fait ses machines solides, qui a su se tenir droit, élever ses enfants et qui justement au moment où il voudrait jouir du fruit de ses soins, apprend qu'il est tenu d'aller et de prendre soin de quelques voisins négligents, ou, s'il n'y va lui-même, de payer un inspecteur pour y aller. Sans doute il a intérêt à aller ou à envoyer plutôt que de négliger le mal, à cause des conséquences qu'aurait pour lui sa négligence et du danger qu'il encourrait en retour ; mais le point qui nous occupe, c'est d'établir que s'il peut être utile à quelque chose de prêcher et de philosopher, on a tort de prêcher à l'Homme Oublié que son devoir est de remédier à la négligence des autres. Ce n'est point là son devoir : c'est une lourde charge qu'on lui impose injustement et cela est d'autant plus injuste, que personne ne songe à lui lorsqu'on jette la charge de telle sorte qu'elle tombe sur lui. Les exhortations devraient être adressées aux négligents, pour qu'ils prissent garde à eux.

C'est par une très vicieuse extension de la fausse doctrine mentionnée plus haut qu'on attribue aux criminels des droits contre la société. Bien des plans de réforme sont présentés à la conscience publique au nom d'une doctrine de ce genre. Un criminel est un homme qui, au lieu d'avoir travaillé pour la société et avec elle, s'est retourné contre elle, a contrarié son œuvre et lui a nui. La peine portée contre lui est une déclaration que la société ne le considère plus comme un de ses membres et le sépare de l'association commune par l'exécution ou l'emprisonnement, selon le degré du crime. Il n'a rien à réclamer de la société. Ce qu'on fera de lui est une question de convenance à régler en vue des intérêts de la société c'est-à-dire des non-criminels. Les écrivains français de l'école de 1848 représentaient la méchanceté des vauriens comme imputable à la « société ». Comme le but de cette assertion était d'établir que la méchanceté des vauriens n'était pas la faute des vauriens, il s'ensuivait que les vauriens étaient méchants par la faute des honnêtes gens. D'après cette théorie, les honnêtes gens devaient beaucoup aux vauriens qui étaient en prison ou aux travaux forcés pour eux. Si nous n'admettons pas cette théorie, il convient de rappeler que le droit quelconque attribué au criminel contre l' « État » n'est qu'une charge imposée à ceux pour lesquels l'État n'a fait aucuns frais de discipline et de correction. Les châtiments infligés par la société sont, comme ceux infligés par Dieu et la nature, un avertissement donné au malfaiteur pour qu'il se réforme lui-même.

Lorsqu'un emploi public devient vacant, on voit paraître un grand nombre de candidats. Quelques-un se recommandent parce qu'ils sont pauvres, ou ne peuvent gagner leur vie, ou ont besoin d'aide pour faire leur éducation, ou parce qu'ils ont des parentes qui ont besoin de leur aide, ou parce qu'ils ont mauvaise santé, ou parce qu'ils appartiennent à certaines localités, ou parce qu'ils ont rendu de grands services dans des travaux autres que ceux pour lesquels ils se proposent.

Les abus du service public doivent être condamnés pour le tort qu'ils causent à l'intérêt public ; mais il y a là une injustice incidente du même genre que celle que nous venons de discuter. Si une place est donnée à A par favoritisme ou pour des considérations personnelles, elle ne peut-être donnée à B. Si une place est occupée par un incapable, cet incapable exclut quelqu'un qui serait capable; en d'autres termes, l'injustice sociale a pour victime un inconnu, l'Homme Oublié, c'est-à-dire quelqu'un sans influence politique, qui n'a su se ménager les chances de succès dans la vie qu'en les méritant. On l'oublie pour l'homme bruyant, qui se pousse, qui est importun et incapable.

Dans un chapitre précédent, j'ai exprimé peu d'estime pour les préventions populaires contre les accaparements, les marchés à livrer, les syndicats, les compagnies, etc. Ces préventions ne sont pas sans cause, mais elles sont très mal dirigées et pendant qu'on les exprime avec fureur, les abus qui méritent d'être attaqués prospèrent. Le plus grand mal social que nous ayons à combattre est la tricherie. Tout ce qui, dans les lois de concession, dans les compagnies d'eaux, etc., etc., est réellement blâmable peut être compris sous le nom de *tricherie*. Est tricherie tout projet qui cherche le gain, non comme le fruit légitime de l'industrie et de l'esprit d'entreprise, mais en extorquant à quelqu'un, au moyen et sous prétexte d'une entreprise industrielle, une partie de ce qui lui appartient. Le cas peut se présenter même avec une entreprise légitime qui sert d'appui à des combinaisons destinées à prendre ce qui n'a pas été gagné. La tricherie est le vice de la ploutocratie et c'est par son moyen que la ploutocratie corrompt un gouvernement républicain et démocratique. Les États-Unis en sont profondément infectés et le problème de la liberté civile est de vaincre ce mal. Il affecte les services collectifs les plus nécessaires à ce point que nous cherchons à satisfaire nos besoins publics par des arrangements particuliers de peur de tricherie. On la trouve dans nos édifices publics, non toujours, mais souvent. Ou ils sont inutiles, ou ils coûtent au delà du nécessaire et même d'un luxe décent. Il y a tricherie dans nos améliorations intérieures. On ne les entreprend pas parce qu'on en a besoin, un besoin constaté par expérience, mais pour répondre à des fins privées, souvent dans l'intérêt électoral de celui qui vote les crédits. Il y a tricherie dans les pensions. En Angleterre, on faisait des pensions aux aristocrates, parce qu'ils avaient une influence politique et pour les corrompre : ici on donne des pensions aux masses démocratiques, parce qu'elles ont le pouvoir et pour les corrompre. Au lieu d'aller établir une ferme là où la terre est en abondance, quelques gens vont s'établir au-dessous du Missis-sipi, puis éprouvent le besoin de mettre un impôt sur les Etats-Unis afin d'élever des digues qui protègent leurs fermes contre le fleuve. Les chercheurs d'or californien ont lavé les terres si bien qu'elles ont rempli les cours et couvert les fermes placées au-dessous. Il faut que le gouvernement fédéral cure les rivières et rétablisse les fermes. Les propriétaires de mines d'argent trouvent que la valeur de leur produit baisse et ils envoient le gouvernement fédéral sur le marché acheter une marchandise dont le public n'a pas besoin, afin, espèrent-ils, de soutenir le prix de l'argent. On appelle le gouvernement fédéral pour qu'il achète ou frète des navires invendables, pour qu'il creuse des canaux qui ne couvriront pas leurs frais, pour qu'il donne de l'argent à toutes sortes d'expériences, et fasse les frais d'entreprises dont des particuliers retireront le profit. C'est ce qu'on appelle « développer nos ressources, » mais en réalité, c'est le grand système pour faire vivre les gens aux dépens les uns des autres. La plus grande des tricheries est le tarif protecteur. C'est à la fois la plus lourde charge et la plus large corruption possible des idées économiques et politiques. On a dit que le peuple se révolterait si l'on ne supprimait les impôts sur l'eau-de-vie et le tabac dont le produit était versé au trésor public. A cette époque justement les importations de tabac de Sumatra devinrent assez importantes pour affecter le marché. Aussitôt les planteurs de tabac du Connecticut demandèrent qu'un droit fût établi à l'importation du tabac pour soutenir le prix de leurs récoltes. Ainsi il paraît que si un impôt sur le tabac est établi au profit du trésor fédéral, c'est un cas de révolte, mais que s'il est établi au profit des planteurs du Connecticut, il n'y a pas de quoi se révolter. Les cultivateurs ont longtemps payé tribut aux manufacturiers; maintenant ce seront les travailleurs des manufactures et les autres qui paieront tribut aux cultivateurs. Le système devient plus compréhensif, plus complet et nous vivrons plus que jamais les uns aux dépens des autres.

Maintenant, le système qui consiste à se voler l'un l'autre ne produit rien ; il ne tend qu'à dépenser. Cette richesse au sujet de laquelle disputent les intérêts protectionnistes doit être prise à quelqu'un en dehors de leur cercle. On ne parle jamais que du travail américain, de l'industrie américaine, mais dans tous les cas où il n'y a pas production de richesse par une industrie effective, il y a deux travailleurs et deux industries à considérer, celui ou celle qui reçoit et celui ou celle qui paie. Toute industrie protégée devrait être tenue d'établir comme majeure de son syllogisme : qu'une industrie qui ne fait pas ses frais *doit* marcher aux frais des consommateurs de ses produits — et comme mineure : — que l'industrie en question ne fait pas ses frais ; en d'autres termes, qu'elle ne peut reproduire le capital y dépensé augmenté d'un bénéfice au cours du marché. Donc, toute industrie de ce genre est le parasite d'une autre industrie. Quelle est cette autre industrie? Quelle est cette autre personne? Voilà la question qu'on néglige toujours.

Dans toute tricherie le cas est le même : il y a quelque part une victime qui paie tout. Les portes restent ouvertes à la dépense extravagante, comme si l'on était généralement convenu qu'il faut gaspiller et dissiper. Tous ces capitaux gaspillés appartiennent à quelqu'un, à quelqu'un qui les fournit et à qui l'on demandera plus encore. Ce quelqu'un, on n'en parle jamais : toute l'attention est absorbée par les intérêts criards, par les quémandeurs importuns, par les faiseurs de plans sociaux, ennuyeux sans pitié. Quelle est la victime? L'Homme Oublié. Si nous allons le chercher, nous le trouverons à l'ouvrage, travaillant dur et labourant la terre pour en tirer les capitaux destinés à toute cette tricherie, à toute cette pillerie, à payer tous ces sophismes économiques, tous ces politiciens, tous ces hommes d'État qui ont sacrifié ses intérêts à ceux de ses ennemis. Nous trouvons que c'est un citoyen honnête, sobre, industrieux, inconnu hors de son petit cercle, payant ses dettes et ses impôts, soutenant l'église et l'école, lisant les journaux de son parti et applaudissant son politicien favori.

Il arrive que l'Homme Oublié est assez souvent une femme. J'ai sous les yeux un journal où se trouvent cinq lettres de couturières en corsets qui se plaignent de ne pouvoir gagner plus de soixante-quinze cents par jour avec une machine, en fournissant le fil. L'impôt sur les numéros du fil dont elles se servent en empêche l'importation et ce sont les couturières en corsets qui ont à payer jour par jour, de leur temps et de leur travail, l'élévation du prix du fil qui est causée par l'impôt. Des femmes qui vivent de leur travail gagnent probablement soixante-quinze cents par jour de dix heures. Vingt-quatre minutes de travail devraient acheter, au prix de détail, une bobine de fil, si la femme américaine était libre d'échanger son travail contre du fil aux meilleures conditions que lui feraient, au temps actuel, l'art et le commerce; mais après qu'elle a travaillé vingt-quatre minutes pour se procurer son fil, elle est forcée par les lois de son pays à travailler encore seize minutes pour payer l'impôt destiné à soutenir la filature. Ainsi, la filature n'est pas faite pour fournir du fil aux Américains, mais pour leur faire payer le fil plus cher que si elle n'existait pas.

Maintenant, pour justifier un arrangement si monstrueusement injuste et si déplacé dans un pays libre, on nous dit que les ouvriers de la filature gagnent des salaires élevés et que, si l'impôt n'existait pas, les ouvriers américains seraient réduits à vivre des mêmes salaires que les fileurs étrangers. Il n'est pas vrai que les fileurs américains gagnent des salaires plus élevés que le prix courant du marché, et ils ne gagneraient pas moins si l'impôt sur le fil était aboli, parce que le marché américain serait régi, comme il l'est aujourd'hui, par l'offre et la demande du travail aux conditions naturelles de l'industrie dans ce pays. Quand on va dans une ville manufacturière et qu'on voit de grandes usines et des multitudes d'ouvriers, l'imagination reçoit une forte impression; en vous montrant l'usine on vous dit que rien de tout cela n'existerait sans le tarif protecteur et on en conclut que ce tarif est chose excellente. Mais s'il est vrai que la filature n'existerait pas sans le tarif ou que les ouvriers ne gagneraient pas des salaires aussi élevés si le tarif n'existait pas, comment pouvons-nous juger si le système protecteur est bon ou mauvais, sans nous rappeler toutes les couturières, les blanchisseuses, les domestiques, les femmes employées dans les fabriques, les revendeuses, les maîtresses d'école, les femmes et filles d'ouvriers répandues dans les greniers et dans les petits logements des grandes villes et dans les chaumières, sur toute la surface du pays, qui paient l'impôt qui fait aller les filatures et leur permet de payer de gros salaires? Si les couturières, les femmes d'école, les domestiques, les blanchisseuses pouvaient être réunies contre la filature, on pourrait en tirer des conclusions utiles. Alors on parviendrait à jeter quelque lumière sur le sophisme obstiné qui consiste à parler de la « création d'une industrie, » et nous pourrions comprendre combien c'est chose différente d'avoir besoin de fil et d'avoir besoin de filature. Il y a des nations qui dépensent en grands palais, d'autres en armées permanentes, d'autres en vaisseaux cuirassés. Tout cela est glorieux et frappe l'imagination par la grande puissance qui est déployée sous les yeux ; mais personne ne doute que ces dépenses rendent la vie plus difficile aux paysans et travailleurs insignifiants qui paient tout cela. Ces dépenses font vivre bien des gens, elles « font travailler, » elles « donnent de l'emploi à d'autres industries. » Nous, Américains, nous n'avons ni grands palais, ni armées permanentes, ni vaisseaux cuirassés, mais nous dépensons ce que nous gagnons en industries protégées. Une grosse manufacture protégée, si elle a réellement besoin d'être protégée pour vivre, est une charge plus lourde pour les Hommes et les Femmes oubliés qu'un vaisseau cuirassé en temps de paix.

Il est clair que l'Homme Oublié et la Femme Oubliée sont la vraie force productive du pays. L'Homme Oublié travaille, il vote, — généralement il prie ; — mais la principale occupation de sa vie est de payer. Son nom ne paraît dans les journaux que lorsqu'il se marie et lorsqu'il meurt : c'est un homme obscur. Il peut quelquefois grogner contre sa femme, mais il ne fréquente pas le débit de liqueurs et ne fait pas de politique à la taverne. C'est pourquoi il est oublié. Cependant quel est celui auquel l'homme d'État, l'économiste et le philosophe social devraient penser plutôt qu'à celui-ci?

Si un étudiant en science sociale arrive à bien comprendre le cas de l'Homme Oublié, il soutiendra avec une fermeté obstinée qu'il faut penser avec toute la rigueur scientifique lorsqu'on s'occupe de sociologie et deviendra un sceptique endurci en présence des plans d'amélioration sociale. Il se demandera toujours où se trouve et quel est l'Homme Oublié dans le cas qu'on lui présente et qui doit faire les frais du plan proposé?

L'Homme Oublié n'est pas un indigent: il est dans son caractère d'épargner quelque chose. Il est donc capitaliste, mais jamais un gros capitaliste. C'est un « pauvre » dans l'acception vulgaire du mot, mais non dans l'acception vraie. En fait, un des signes les plus constants et les plus certains du danger que court l'Homme Oublié d'avoir à supporter une nouvelle attaque, c'est qu'on introduise le « pauvre homme » dans la discussion. Comme l'Homme Oublié possède un petit capital, quiconque a soin de ses intérêts tâchera de travailler à la conservation de ce capital en assurant l'inviolabilité des contrats, la stabilité de la circulation monétaire et la solidité du crédit. Dès lors quiconque aura souci de l'Homme Oublié est sûr d'être traité d'ami du capitaliste et d'ennemi du « pauvre homme. »

C'est l'Homme Oublié qui est menacé par toute extension donnée à la théorie du gouvernement paternel. C'est lui qui doit travailler et payer. Lors donc que les hommes d'État et les philosophes sociaux s'asseoient gravement pour réfléchir à ce que l'État peut faire ou doit faire, ils se proposent en réalité de décider ce que l'Homme Oublié fera. Ce qu'il faut donc à l'Homme Oublié, c'est une réalisation plus complète de la liberté constitutionnelle. Il souffre de ce qu'il existe encore dans nos institutions un mélange de théories du moyen âge, théories de protection, de règlement et d'autorité et de théories modernes, d'indépendance et de responsabilité individuelles. La conséquence de ce mélange, c'est que ceux qui sont assez habiles pour manier la théorie du gouvernement paternel mesurent leurs droits par cette théorie, — en d'autres termes s'arrogent des privilèges et mesurent leurs devoirs à la théorie libérale,— c'est-à-dire que quand on en vient aux devoirs ils veulent qu'on les « laisse tranquilles. » L'Homme Oublié n'entre jamais dans le gouvernement et paie d'après les deux théories. Ses droits lui sont mesurés par la théorie du gouvernement paternel, c'est-à-dire qu'il doit s'acquitter de toutes les charges qu'on lui impose à titre de père. Dans les rapports de paternité, il y a toujours deux personnes, le père et l'enfant, et lorsqu'on parle de ces rapports au figuré, il importe beaucoup de savoir qui sera le père et qui sera le fils. Le rôle de père revient toujours à l'Homme Oublié. Ce qu'il lui faut, par conséquent, c'est que les ambiguités qui se trouvent dans nos institutions soient dissipées et que la liberté devienne plus complète.

Il convient à l'économiste et au philosophe social, quelque soit le degré de son orthodoxie, qui propose d'augmenter la sphère d'action de l' « État » ou de prendre des mesures quelconques en vue du bien-être d'une classe quelconque, de poursuivre l'analyse des effets sociaux de sa proposition jusqu'à ce qu'il trouve cet autre groupe dont les intérêts seraient diminués ou dont l'énergie serait mise à contribution par les mesures proposées ; et il ne pourra pas soutenir sa proposition jusqu'à démontrer qu'elle sera plus avantageuse *en quantité et en qualité* pour ceux qui doivent en porter la charge que la non-intervention de l'État dans les rapports des personnes dont il s'agit.

## XI

### Pourquoi nous devons nous aimer les uns les autres.

Supposez qu'un homme en traversant un bois soit surpris par la chute d'un arbre et cloué au sol et qu'un autre homme suivant le même chemin et le trouvant dans cette situation, vienne, au lieu de le secourir au plus vite, commencer un sermon sur la loi de la gravitation en prenant pour exemple la chute de l'arbre.

Supposez encore qu'une personne exposant la loi de la gravitation montre comment les corps tombent et qu'un contradicteur lui dise : « Vous exposez votre loi froidement, comme un fait mathématique et vous déclarez que tous les corps la suivront dans leur chute. Quel homme sans cœur ! Vous ne songez pas que c'est peut-être un charmant petit enfant qui va tomber de la fenêtre. »

Ces deux suppositions peuvent nous servir à titre d'exemple. — Prenons d'abord la seconde. C'est une objection de sentiment et quelque ridicule qu'elle semble, lorsqu'il s'agit d'une loi physique, on élève constamment des objections semblables contre la sociologie. Chaque fois surtout qu'on discute la charité sous quelques-unes de ses formes publiques, et que l'on fait des efforts pour introduire la méthode et la clarté dans le débat, on est interrompu par des observations aussi éloignées de la question traitée et aussi étrangères à toute considération vraiment intellectuelle que celle qui se trouve dans la supposition qui nous a servi d'exemple. En premier lieu, l'enfant tomberait exactement comme une pierre : les forces naturelles ne connaissent pas la pitié. Il en est exactement de même en sociologie : les forces n'y connaissent pas la pitié. En second lieu, si le physicien devait discuter sur tous les corps qui peuvent tomber, il s'égarerait complètement, sans faire aucun bien. Il en est de même de celui qui s'occupe de sociologie : il doit concentrer l'attention et non la divertir, étudier les lois et non toutes les combinaisons de forces qui peuvent se manifester dans la pratique. En troisième lieu, jamais on n'a vu tomber un corps exactement comme l'enseignent les physiciens, parce qu'ils ne peuvent arriver à bien s'ils n'étudient les forces séparément et ne conviennent qu'elles se combinent dans les phénomènes concrets de la vie courante.

Il en est de même en sociologie, avec cette aggravation, que les forces que l'on étudie et leurs combinaisons sont les plus complexes dont on puisse s'occuper. En quatrième lieu, le physicien qui, après avoir exposé les lois de la chute des corps, s'arrêterait pour avertir les mères à ne pas laisser leurs enfants tomber par la fenêtre, se rendrait ridicule. De même le sociologue qui joindrait des maximes pratiques et des applications morales à ses investigations s'écarterait tout à fait de sa besogne propre. La force de la gravitation est un fait dans le monde. Si nous la comprenons, la nécessité d'avoir soin de nous conformer à cette loi se présente à chaque pas dans le cours de notre vie et de notre expérience personnelle. Il n'en est pas autrement en sociologie.

Prenons pour exemple l'économie politique : elle n'enseigne pas à l'individu comment il peut s'enrichir. Elle est une science sociale, qui traite des lois du bien-être matériel dans les sociétés humaines. C'est donc seulement une des nombreuses sciences qui nous donnent des informations sur les lois et conditions de notre vie sur la terre. L'éducation a pour objet de donner à l'homme une connaissance des lois et conditions de la vie, de telle sorte que dans tous les cas où l'individu se trouve placé en face de la nécessité de décider ce qu'il doit faire, il puisse, s'il est instruit, prendre une décision sage et intelligente. S'il sait la chimie, la physique, la géologie et d'autres sciences, il saura quels obstacles lui présente la nature dans ce qu'il se propose de faire. S'il sait la physiologie et l'hygiène, il saura quels effets telle ou telle conduite pourra produire sur sa santé. S'il sait l'économie politique, il saura quel effet telle ou telle conduite aura sur la richesse et sur le bien-être de la société. L'économie politique ne donne pas d'injonctions et ne dit jamais : « Vous devez. » Elle ne prend pas sur elle de dire à chacun ce qu'il doit faire, pas plus que la chimie ne nous dit qu'il faut mêler des substances ou que les mathématiques ne nous prescrivent de résoudre des équations. Elle fournit seulement un élément nécessaire pour prendre une décision intelligente et dans toutes les circonstances concrètes et pratiques, la responsabilité de la décision appartient à celui qui agit. L'économiste, par conséquent, ne dit à personne : « Vous ne devez jamais donner de l'argent par charité. » Il contredit celui qui dit : « Vous devez donner de l'argent par charité » et appuie sa contradiction en disant : « Laissez-moi vous montrer les conséquences différentes qui peuvent résulter pour vous, pour les autres, pour la société, d'un don charitable ou d'un refus de ce don, de façon à ce que vous puissiez prendre une décision sage et intelligente. » Assurément il n'y a rien de plus difficile que d'employer des capitaux en œuvres de charité. Il y aurait folie à soutenir qu'on ne doit faire rien de pareil, mais je crois sincèrement que ce qu'il y a de plus pernicieux, après le vice, c'est la charité comprise dans son acception large et populaire.

Dans les chapitres précédents, j'ai discuté les rapports publics et sociaux des diverses classes et ces questions dans lesquelles on considère des groupes d'individus comme formant des classes, sans égard au mérite ou au démérite des personnes. J'ai relégué toute œuvre charitable dans le domaine des relations privées, où la connaissance et l'appréciation des individus peut fournir des limitations et des garanties nécessaires. Un homme qui n'aurait ni sympathies ni sentiments serait une bien pauvre créature; mais les actes de charité faits par le public, et surtout par voie législative, ne fomentent ni sympathies ni sentiments. En outre, il faut bien comprendre que tout effort charitable et bienveillant auquel un individu désire se livrer pour tenter de faire le bien est absolument hors de discussion. Il serait tout aussi impertinent d'empêcher cet effort que d'imposer une coopération dans cet effort à qui ne veut pas y prendre part. Ce que j'ai résolu de faire pour exercer mes sympathies en suivant ma raison et ma conscience est une chose; ce qu'un autre homme me force à faire au nom de la sympathie, parce que sa raison et sa conscience le lui conseillent, est une toute autre chose.

Maintenant quel est le motif pour lequel nous devons nous aider les uns les autres? Cela nous ramène au premier exemple par lequel nous avons commencé. Nous pouvons philosopher aussi froidement et aussi correctement qu'il nous convient sur les devoirs et les lois du bien vivre; nul de nous ne vit aussi bien que le comporteraient ses connaissances. L'homme frappé par la chute d'un arbre a peut-être manqué de soin. Nous manquons tous de soin à un moment donné. Environnés comme nous le sommes de risques et de dangers qui tombent sur nous comme des accidents, nul de nous ne peut dire : « Je connais toutes les lois et suis assuré de leur obéir, si bien que je n'ai besoin ni d'aide ni de sympathie. » Le mieux qui puisse arriver, c'est que l'un manque d'un côté et l'autre d'un autre, lorsque nous ne manquons pas tous ensemble. Ainsi, l'homme renversé sous l'arbre est celui de nous qui, pour le moment, est frappé : ce sera peut-être vous demain et moi après-demain. C'est notre commune fragilité dans un péril commun qui établit entre nous une solidarité d'intérêts qui nous enjoint de secourir celui d'entre nous auquel les chances de la vie viennent d'être contraires. Probablement la victime a commis une faute : il en est presque toujours ainsi. Une leçon sur ce sujet au moment de la crise dangereuse, serait déplacée, parce qu'elle ne satisferait pas au besoin du moment; mais elle serait très bien à sa place dans un autre temps, lorsqu'il s'agirait d'empêcher quelque autre personne d'éprouver un accident semblable. Les hommes donc doivent aux hommes aide et sympathie dans les difficultés et les périls de la vie, parce qu'ils ont tous une part de la fragilité et de la sottise humaine. Mais cette observation, place l'aide et la sympathie dans le domaine des relations personnelles et privées, sous l'empire de la raison et de la conscience et ne fournit pas de matière aux projets mécaniques et impersonnels.

Nous pouvons donc distinguer quatre choses :

1. La fonction de la science est la recherche de la vérité. La science n'a pas de drapeau et est impersonnelle. Elle étudie la gravitation, trouve les lois de cette force et n'a rien à voir dans le bien ou le mal qui résultera pour les hommes de l'action de ces lois ;

2. Les déductions morales relatives à ce qu'il faut faire doivent être tirées par la raison et la conscience de l'individu instruit par la science. Qu'il se souvienne de la gravitation et prenne garde de ne pas tomber dans un précipice et de ne

pas se trouver sur le trajet d'un corps qui tombe ;

3. A cause du nombre et de la variété des dangers de toute sorte qui entourent notre vie et à cause de l'ignorance, de la négligence et de la sottise auxquelles nous sommes sujets, nous manquons tous d'obéir aux déductions morales que nous avons apprises, de telle sorte qu'en réalité les plus sages et les meilleurs d'entre nous font des sottises et souffrent.

4. La loi de sympathie par laquelle nous partageons la charge les uns des autres est de faire pour autrui ce que nous voudrions qui fût fait pour nous. Ce n'est pas un principe scientifique et elle n'est pas susceptible d'une généralisation ou d'une interprétation telle que A puisse dire à B ce que cette loi prescrit à B de faire. Par conséquent les relations de sympathie et de sentiment sont essentiellement limitées et

ne peuvent être la base de relations entre des groupes de personnes, ni discutées par un tiers.

On ne réalise pas des améliorations sociales par effort direct : elles sont le résultat de progrès physiques et économiques. C'est pourquoi les plans d'améliorations sociales directes ont toujours un caractère abitraire, sentimental, artificiel, tandis que les progrès véritables sont le résultat d'une sorte de croissance spontanée. Par conséquent, les efforts qui tendent aux progrès de tout genre dans les arts et dans les sciences tendent au véritable progrès social. Que chacun songe à ce qu'avait à souffrir il y a un siècle, même une personne très riche, pour traverser l'Atlantique et compare ce qu'il lui en coûte aujourd'hui de temps, d'argent et de souffrance pour faire le même trajet, même sur un navire à voile.

Le progrès réalisé dans le transport qui permet aux « pauvres » et aux « faibles » de passer des centres surchargés de population à une terre nouvelle leur est plus utile que tous les plans de tous les réformateurs sociaux. Un perfectionnement des instruments de chirurgie, un procédé anesthésique fait plus de bien à ceux qui souffrent que toutes les déclamations des orateurs et que les vœux pieux des réformateurs. Une réforme administrative profiterait plus aux travailleurs que des lois innombrables sur les manufactures et sur la réduction à huit heures du temps de travail. La liberté des échanges serait un plus grand bienfait pour « l'homme pauvre » que tous les projets, fussent-ils réalisables, des amis de l'humanité. Si les économistes pouvaient résoudre d'une façon satisfaisante le problème du règlement de la circulation du papier, ils feraient plus pour les salariés que ne peuvent faire toutes les doctrines artificielles sur les salaires qu'ils semblent vouloir encourager. Si nous pouvions avoir des lois stables et bonnes sur l'administration des caisses d'épargne et nous abstenir des amendements qui les détruisent peu à peu, nous aurions fait plus pour la classe non capitaliste que si nous avions écrit des volumes de lois contre les « compagnies » et contre la « puissance excessive du capital. »

Nous nous devons les uns aux autres réparation des torts causés. On a dit en réponse à l'argument de mon dernier chapitre sur les femmes oubliées et le fil que le droit d'importation sur le fil « était « peu de chose », qu'il ne peut faire grand tort aux femmes et que si les femmes ne veulent pas payer deux cents d'impôt pour la livre de fil, elles n'ont qu'à prendre du fil de qualité inférieure qui leur coûtera moins cher. Ces réponses expriment la plus amère et la plus lâche des injustices sociales. Tout citoyen honnête d'un État libre se doit à lui-même, doit à la communauté et spécialement aux victimes faibles, d'aller à leur secours et de tâcher de faire cesser l'abus dont elles souffrent. Chaque fois qu'une loi ou un arrangement social a pour effet de faire tort à quelqu'un, même au plus humble, il est du devoir de celui qui est plus fort ou plus instruit de réclamer et de lutter pour obtenir la cessation de l'abus. Lorsqu'on généralise cette proposition cela veut dire qu'il est du devoir de Nous Tous, c'est-à-dire de l'État, de faire observer la justice pour tous depuis le plus petit jusqu'au plus grand et en toutes choses. Ce n'est pas une doctrine nouvelle : c'est là simplement la vieille, la vraie, l'incontestable fonction de l'État et en travaillant au redressement des torts et à la correction des abus législatifs, nous ne faisons que lutter pour l'appliquer plus complètement, c'est-à-dire que nous travaillons à améliorer le gouvernement civil.

Nous nous devons les uns aux autres la garantie de nos droits. Les droits ne touchent pas aux *résultats*, mais aux *chances* : ils touchent aux *conditions* de la lutte pour l'existence et non à l'issue de cette lutte, à la recherche du bien-être et non à sa possession. On ne peut pas dire que tous ont le droit de posséder quelque chose, parce que si ce droit existait, il y aurait quelqu'un qui devrait fournir ce quelque chose à ceux qui ne l'ont pas. Tous ont le droit d'acquérir et de posséder, s'ils le peuvent. Il est évident qu'on tombe dans l'erreur dès qu'on oublie cette distinction et des erreurs venant de là se trouvent dans tous les projets et dans tous les plans socialistes. Si nous considérons les droits comme attachés aux résultats, et disons ensuite que les droits sont égaux, c'est comme si nous disions que les hommes ont le droit de jouir d'un bien-être égal et ainsi de suite dans tous les détails. Les droits doivent être égaux parce qu'ils s'appliquent aux chances et tous devraient avoir des chances égales, en ce qui dépend de l'action de la société. Mais l'égalité des droits n'a pas pour conséquence l'égalité des résultats, et elle est juste lorsqu'elle aboutit à des résultats inégaux, parce que ces résultats sont proportionnés au mérite des individus. Nous nous devons la garantie mutuelle des chances de gagner, de posséder, d'apprendre, de nous marier, etc., etc., contre toute intervention qui empêcherait quelqu'un d'exercer ces droits et d'en jouir en paix pour se procurer le bien-être. Si nous généralisons cette proposition, nous dirons que Nous Tous sommes tenus de garantir les droits de chacun de nous. Nos États modernes, où la liberté est la base de la Constitution, reposent sur la notion des droits et nous considérons qu'ils remplissent d'autant mieux leur fonction qu'ils garantissent mieux des droits conformes à l'idée de droit, qui se corrige et s'étend constamment d'une génération à l'autre. Aussi, dire que nous devons garantir les droits de chacun, c'est dire que nous devons augmenter et perfectionner notre science politique.

Si nous fixons notre attention sur la valeur qu'a pour un homme d'énergie indépendante l'égalité des chances de gagner, d'apprendre, de posséder, etc., nous pouvons faire un pas de plus dans nos déductions relatives à l'assistance. La seule assistance qui soit toujours bonne, même dans les limites des relations privées entre deux personnes, est celle qui consiste à aider autrui à s'aider lui-même. Cette assistance consiste toujours à ouvrir des chances. Un homme dont la position est assurée peut, par un effort presque imperceptible pour lui, donner un secours d'une valeur incalculable pour celui qui est tout prêt à faire lui-même sa carrière, pourvu qu'il en ait seulement l'occasion. L'homme le plus digne d'un véritable et profond intérêt n'est pas celui qui souffre, c'est celui qui combat bravement. La meilleure sympathie n'est pas la compassion, c'est celle qu'inspirent la vaillance et la fermeté déployées dans un noble effort.

Mais le secours qui aide un homme à s'aider lui-même n'a rien de commun avec le secours accordé par charité. Lorsqu'on donne l'aumône, qu'on « fait travailler », un individu, lorsqu'on lui « procure de l'emploi » ou le « protège », on ne fait que prendre le produit à l'un pour le donner à l'autre. Lorsque nous aidons un homme à s'aider lui-même en lui procurant des facilités, nous le mettons en position d'augmenter la richesse du pays en mettant en œuvre une nouvelle force productive. Il semble que la différence entre l'action de prendre un produit sortant des mains de qui le possède et l'action qui consiste à créer un nouveau produit par l'application d'un nouveau travail à la matière, soit si simple qu'on ne l'oublie jamais; mais il n'y a pas d'erreur plus commune dans les discussions sociales que celle qui confond ces deux actes si différents.

Nous avons vu maintenant que les discussions courantes sur les revendications et droits respectifs des classes de la société reposent sur des erreurs et des sophismes; nous avons vu qu'une analyse des obligations générales qui nous lient les uns aux autres n'aboutit qu'à la répétition solennelle des devoirs anciens et bien connus qui nous obligent à perfectionner nos institutions politiques. Nous avons été conduits à conclure, non à l'extension, mais à la diminution des fonctions de l'État, et aussi qu'il est nécessaire de purifier et d'améliorer l'action de l'État dans les fonctions qui lui appartiennent en propre. Si nous nous refusons à reconnaître l'existence de classes sociales lorsque peut-être on pourrait réclamer des droits spéciaux et une certaine supériorité pour les gens riches, instruits et vertueux, ce n'est certes pas pour reconnaître l'existence de classes, lorsqu'on entreprend d'établir cette distinction afin d'imposer à un groupe des devoirs et des charges au profit d'un autre. Les hommes qui n'ont pas fait leur devoir dans ce monde ne seront jamais égaux à ceux qui l'ont fait plus ou moins bien. Si les qualifications de sage et de fort, d'économe et d'extravagant, de prudent et de négligent ont quelque sens dans le discours, il doit résulter quelque différence des différences de la conduite des gens en ce monde et cette différence ressort de la position que chacun acquiert dans la société relativement aux chances de la vie. On peut donc les classer par ces différences et cette classification durera toujours, tandis que toute autre ne saurait se soutenir. Si donc nous considérons l'origine et la définition de ces classes, nous reconnaîtrons qu'il est impossible de constater une obligation quelconque de l'une envers l'autre. Les distinctions de classe résultent simplement du plus ou moins de succès obtenu par chacun en profitant des chances qui se sont présentées à lui. Au lieu de tenter une nouvelle distribution des biens acquis par les classes existantes, nous devons tâcher d'augmenter, de multiplier et d'étendre les chances. C'est l'œuvre de la civilisation. Toute vieille erreur dissipée, tout abus détruit, ouvre de nouvelles chances de développement pour tous et donne une nouvelle énergie à la société.

Tout progrès dans la science, dans les arts, dans le gouvernement ajoute aux chances de l'homme sur la terre. Cette expansion n'est pas une garantie d'égalité; au contraire, si tous agissent librement, les uns profiteront avec ardeur des chances offertes et d'autres les négligeront absolument. Par conséquent, plus les chances seront égales et plus les fortunes de ces deux classes d'hommes seront inégales et il est raisonnable, il est de toute justice que les choses soient ainsi.

Les aspirations à l'égalité naissent de la cupidité et de l'envie et il n'est pas possible d'imaginer, pour satisfaire ces aspirations, un plan qui ne consiste à voler A pour donner à B. Par conséquent, ces plans tendent à fomenter les vices les plus bas de la nature humaine, à gaspiller les capitaux et à détruire la civilisation. Si nous augmentons les chances, au contraire, nous pouvons compter sur un progrès général et constant de la civilisation et sur celui de la société par les meilleurs de ses membres. En mettant à profit ces chances, nous nous devons tous les uns aux autres de la bienveillance, un respect mutuel, des garanties mutuelles de liberté et de sécurité. Au delà, on ne peut affirmer qu'il existe dans un État libre aucun devoir d'un groupe envers un autre groupe.

FIN.

# TABLE DES MATIÈRES

FIN DE LA TABLE.

Saint-Denis. — Imp. Ch. Lambert, 17, rue de Paris.

www.ingramcontent.com/pod-product-compliance
Ingram Content Group UK Ltd.
Pitfield, Milton Keynes, MK11 3LW, UK
UKHW021103230726
13926UKWH00004B/1991

9 782016 184028